C.H.BECK ■ **WISSEN**
in der Beck'schen Reihe

Die Überlieferung der Anfänge der römischen Republik ist dicht umrankt von Legenden. Fest steht, daß sich im Laufe des 5. Jahrhunderts und – klarer zu fassen – nach dem Galliersturm von 387/6 v. Chr. eine Herrschaftsform unter Beteiligung breiterer Volksschichten fest etabliert hat. In dieser Zeit behaupteten die großen Patriziergeschlechter den Vorrang im Staat und besetzten die wichtigsten Ämter; doch auch mächtige Plebeierfamilien hatten sich und ihrem Stand Mitsprache erstritten. Im Umgang mit äußeren Feinden zeigte sich Rom zunehmend überlegen, bis ihm mit Karthago im 3. und 2. Jahrhundert v. Chr. wieder ein gleichwertiger Gegner gegenübertrat, der nur in wechselvollen Kriegen geschwächt und schließlich vernichtet werden konnte. Hatte Rom damit die unbestrittene Vormachtstellung im Mittelmeerraum erobert, so fühlte es sich zunehmend animiert, in den Anrainerstaaten militärisch zu intervenieren. Es waren der unablässige Strom von Menschen, Gütern und Reichtum nach Rom und das Problem der Veteranenversorgung, die dort zur dramatischen Verschärfung sozialer Gegensätze führten; hinzu kam, daß sich der römische Senat und die traditionellen Verfassungsorgane nicht länger in der Lage zeigten, das entstandene Großreich in bewährter Weise zu führen. Der Versuch, die Probleme mit außerordentlichen Kommanden zu bewältigen, rief militärisch und wirtschaftlich mächtige Einzelpersönlichkeiten auf den Plan, die ihre eigenen Interessen an die Stelle der Staatsraison setzten. Mit ihrem Auftreten war die Endzeit der Republik angebrochen.

Martin Jehne, der diese konzise, allgemeinverständliche und anregende Darstellung der römischen Republik geschrieben hat, lehrt als Professor für Alte Geschichte an der Universität Dresden. Von ihm ist im Verlag C.H.Beck lieferbar: *Caesar* (⁵2014).

Martin Jehne

DIE RÖMISCHE REPUBLIK

Von der Gründung bis Caesar

Verlag C.H.Beck

Meinem Vater Wolfram Jehne
und
meinem Onkel Fritz Schwickert,
meinen treuen Lesern

Mit zwei Karten
(Umschlaginnenseite vorne: Gertrud Seidensticker, Berlin;
Umschlaginnenseite hinten: Peter Scholz, Frankfurt am Main)

1. Auflage. 2006
2. Auflage. 2008

3., durchgesehene Auflage. 2013

Originalausgabe
© Verlag C.H.Beck oHG, München 2006
Gesamtherstellung: Druckerei C.H.Beck, Nördlingen
Umschlagentwurf: Uwe Göbel, München
Printed in Germany
ISBN 978 3 406 50862 2

www.beck.de

Inhalt

I. Von der Gesellschaft ohne Staat zur Gesellschaft ohne König: Die Vorgeschichte der römischen Republik

Wohl im späten Februar des Jahres 44 (hier wie immer im folgenden: vor Christus) wurden die Frühaufsteher auf dem Forum der Weltstadt Rom unverhofft mit einer Sensation konfrontiert: Die Tribüne, von der herab der Stadtpraetor Marcus Iunius Brutus seine Rechtsfälle verhandelte, war des Nachts mit der Aufschrift verziert worden: «Du bist kein Brutus!» Jeder der zahlreichen Passanten sah den Satz, jeder verstand die Botschaft, der freche Spruch verbreitete sich wie ein Lauffeuer, auch nachdem das anstößige Graffito entfernt worden war, und Marcus Brutus war zweifellos gekränkt.

Nun ging es bei dieser Aktion natürlich nicht um die platte Diskreditierung eines Amtsinhabers. Der anonyme Urheber spielte vielmehr auf eine der Lieblingslegenden der Römer an, die zum Grundinventar des vaterländischen Geschichtsbildes aller Schichten gehörte. Demzufolge hatte im Jahre 509 der bessere Teil der römischen Gesellschaft den zum Tyrannen entarteten König samt einigen seiner Anhänger vertrieben und die römische Republik begründet, und der Rädelsführer dieser folgenreichen Rebellion war Lucius Iunius Brutus gewesen.

Daß sich Marcus Brutus unter souveräner Überbrückung gewisser genealogischer Schwierigkeiten als Nachfahre des großen Freiheitshelden Lucius Brutus fühlte, war allgemein bekannt. Der kurze Satz des anonymen Schreibers enthielt also einerseits die Behauptung, Rom sei wieder in der Hand eines Gewaltherrschers und bedürfe des entschlossenen Handelns führender Männer, und andererseits den Vorwurf, der gegenwärtige Brutus halte dem Vergleich mit seinem Ahnen in keiner Weise stand. Daß der solchermaßen attackierte Brutus dann wenig später eine führende Rolle bei der Ermordung des Dictators Caesar spielte, war natürlich nicht *nur*, aber *auch* durch sein Bedürfnis motiviert, den Anforderungen der Familientradition gerecht zu werden. Die Macht der Geschichte lastete schwer auf ihm.

Jede menschliche Gemeinschaft verdankt einen Teil ihres Zusammenhalts der Anerkennung einer gemeinsamen Geschichte – oder dessen, was man als solche deklariert. Denn die Geschichte ist zunächst einmal die Konstruktion der Vergangenheit durch die Zeitgenossen, und eher selten sind in den zahllosen Gesellschaften der Weltgeschichte professionelle Historiker damit beschäftigt gewesen, durch kritische Prüfung aller verfügbaren Informationen dieses Konstrukt nach wissenschaftlichen Prinzipien aufzubauen und absichtsvolle Entstellungen aufzuspüren. In Rom war der Umgang mit der Geschichte recht unverkrampft – in dem Sinne, daß man sich über die Herkunft und den Realitätsgehalt der zahlreichen «Geschichten» nicht viele Gedanken machte und diese Überlieferung auch ganz selbstverständlich mit plausiblen und dem selbstdiagnostizierten Volkscharakter entsprechenden Deutungen und Ergänzungen auffüllte und anreicherte. Da die römische Geschichtsschreibung erst um 200 v. Chr. einsetzte und uns ausführliche Berichte über die Frühzeit überhaupt erst von den Historikern Titus Livius und Dionysios von Halikarnassos aus den letzten Jahrzehnten des 1. Jh.s v. Chr. erhalten sind, da zudem andere schriftliche Quellen wie Abhandlungen über römische Institutionen ebenfalls nicht früher einsetzen und nur wenig verläßlicher sind, befinden wir uns also heute in einer schwierigen Lage: Wir können noch zahlreiche Episoden aus der römischen Frühzeit nachlesen, greifen damit aber nur die intentionale Geschichte der späteren Zeiten, also die Form der Vergangenheitspräsentation, die in der jeweiligen Gegenwart als akzeptabel galt, da sie die Gemeinschaft stabilisierte. Nach unseren Maßstäben können wir solche unkritischen und interessegeleiteten Schöpfungen nicht als leidlich angemessene Wiedergabe der vergangenen Ereignisse akzeptieren. Dieser Befund hat in unserem konkreten Fall schmerzliche Konsequenzen: Es spricht alles dafür, daß es den republikanischen Freiheitshelden Lucius Brutus nie gegeben hat.

Immerhin ist wenigstens unbestreitbar, daß Rom einmal Könige besaß und daß später eine Ordnungsform eingeführt wurde, die nach dem lateinischen Terminus *res publica* – wörtlich *die öffentliche Sache* – heutzutage als Republik bezeichnet wird. Daß sich in frühen Gemeinschaften, in denen es als Folge der ersten ökonomischen Überschüsse und der Arbeitsteilung zu einer gewissen Hierarchisierung der Gesellschaft kommt, Spitzenpositionen herausbilden, ist eine allgemeine Erscheinung, so daß die römische Vorstellung von einer Königszeit den welthistorischen Normalfall repräsentiert und schon von daher eine beachtliche Wahrscheinlichkeit beanspruchen kann. Hinzu treten aber Insignien und Rituale, denen in historisch hellerer Zeit noch ein königlicher Ursprung zugeordnet wurde, und das Auftauchen des Königstitels (lateinisch: *rex*) in verschiedenen urwüchsigen Funktionen und Lokalitäten, was bei der üblichen Langlebigkeit solcher Versatzstücke des Gemeinschaftslebens durchaus als Bestätigung gelten kann.

Die ersten menschlichen Spuren auf dem Territorium, das später Rom wurde, lassen sich für das 10. Jh. v. Chr. nachweisen, in der frühen Eisenzeit des 9. und 8. Jh.s wird die Besiedlung intensiver. Für das spätere 7. Jh. wurde archäologisch die Bebauung des Forumbereichs – des Zentrums von Rom – festgestellt, was man als Indiz dafür werten kann, daß damals die Einzelsiedlungen auf den Hügeln Roms zusammengewachsen waren. Da das Talgelände sumpfig war und der Entwässerung und Anhebung bedurfte, ehe man es nutzen konnte, spricht viel dafür, daß für diesen Schritt schon erhebliche Gemeinschaftsleistungen nötig waren, die auf Kooperation der Gesamtbevölkerung und damit auf die Entstehung einer gemeinsamen gesellschaftlichen Struktur hindeuten. Rom war als Siedlungsplatz wohl deshalb besonders attraktiv, weil es an einer Furt des Tiber lag, die wichtig war für die Verbindungen zwischen dem nördlich gelegenen Etrurien und dem südlich gelegenen Kampanien, und weil hier die Salzstraße vorbeiführte, auf der dieses schon in der Frühgeschichte wichtige Mineral von den

Salzbuchten an der Tibermündung ins Landesinnere geschafft wurde.

Über die frühe Organisation der römischen Gesellschaft wissen wir nicht viel. Die landwirtschaftlichen Erträge reichten zunächst gerade zum Überleben – erst mit dem Pflug ließ sich die Effektivität der Bodenbearbeitung so steigern, daß sich die Chance auftat, über den direkten Ernährungs- und Saatgutbedarf hinaus einmal Überschüsse zu erwirtschaften. Die frühen Verwandtschaftsverbände, die – wie wir aus der späteren, recht eigentümlichen Struktur der römischen Geschlechter und Familien noch ersehen können – im wesentlichen nur nach Generationen hierarchisiert waren, wurden nun weiter ausdifferenziert. Vermutlich ist der Typus des patricischen Großgrundbesitzers, der die frühe römische Republik ganz wesentlich prägte, das Ergebnis der Usurpation der vom Sippenverband erwirtschafteten Überschüsse durch Familienoberhäupter, die damit das Privateigentum an die Stelle der kollektiven Nutzungsformen aus der Zeit der Verwandtschaftsgruppen treten ließen.

Der eigenen Tradition nach wurde Rom 753 v. Chr. von Romulus gegründet, der – in der Legende – naheliegenderweise auch der erste König wurde. Dieses Datum wurde im 1. Jh. v. Chr. errechnet und setzte sich gegen leicht abweichende Alternativdatierungen durch. Selbstverständlich ist auf diese exakte Jahresangabe nicht viel zu geben, und so streitet sich die Forschung auch nur darüber, ob der Datierungsansatz wenigstens ungefähr richtig ist. Die Einschätzung hängt wesentlich davon ab, was man denn als Stadtgründung ansieht. Die Besiedlung der Forumsregion (unter Entfernung der alten Gräber) und die daran erkennbare Zusammenführung verschiedener Hügelsiedlungen liefern ein wichtiges Indiz, das eher ins 7. als ins 8. Jh. zu deuten scheint. Was das Königtum betrifft, so enthalten die zahlreichen Legenden über die sieben Könige vor allem eine wesentliche Information, die sich durch institutionelle Relikte der späteren Zeit wie durch Nachrichten über die Entwicklungen Mittelitaliens im 6. Jh. erhärten läßt: Nach einigen einheimischen Königen habe es etruskische gegeben, und der letzte König, Tarquinius mit dem ihm erkennbar erst später zugedachten Beinamen

Superbus («der Überhebliche»), sei eben ein Etrusker gewesen, der seine Machtposition immer mehr gesteigert und sich in bedenkenloser Ignoranz über die Rechte der großen Familien hinweggesetzt habe. Tatsächlich lassen sich die Anhaltspunkte für das frühe, akephale, d. h. ohne feste politische Spitzenpositionen auskommende System der Geschlechterverbände anhand ethnologischen Vergleichsmaterials bestens mit einem sakralen Königtum verbinden, dessen wesentliche Aufgabe in der ordnungsgemäßen Durchführung von Kultritualen zur Pflege von Beziehungen zu den Göttern bestand, wozu dann in den sporadischen Kriegen des gesamten Volkes die Führung des Heeresaufgebots hinzukam.

Erst durch die Etablierung eines etruskischen Königs in Rom, die im Kontext des Auftretens etruskischer Condottieri und einer gewissen Ausbreitung der Etrusker nach Süden bis Kampanien und nach Norden bis in die Poebene im 6. Jh. steht, veränderte sich das ausbalancierte Verhältnis von König und Clanoberhäuptern grundsätzlich. Er war ein primär militärisch orientierter Herrscher geworden, der die Ambition hatte, den lockeren Interessenverband weitgehend eigenständiger Grundherrschaften zu einem Gemeinwesen unter eigener Führung zu verdichten. Die sich in dieser Zeit schon entwickelnde Stadt Rom, in der vor allem Menschen lebten, die nicht in die Geschlechterverbände eingebunden und wohl zum Teil als Handwerker tätig waren, stellte ein Potential an Anhängern bereit, die für jede Vertretung ihrer Interessen, die in den Aushandlungsprozessen der Clanoberhäupter keine Rolle gespielt hatten, dankbar waren. Die Konfliktgeschichte, die in der Vertreibung des Tarquinius Superbus gipfelte, läßt sich vielleicht am besten als Gegensatz zwischen dem etruskischen König und den Geschlechterhäuptern verstehen: Daß der König seine schmale Anhängerschaft, die ursprünglich nur aus den mit ihm gekommenen etruskischen Gefolgsleuten bestanden hatte, durch die clanfreie Bevölkerung vergrößerte, mußte den Führern der Clans ein Dorn im Auge sein, da sie durch eine Ausweitung der Königsmacht und eine stärkere Berücksichtigung der Belange der Handwerker und freien Bauern nur verlieren konnten.

Die archäologischen Funde, die in die zweite Hälfte des 6. Jh.s und das frühe 5. Jh. datiert werden können, haben in den letzten Jahrzehnten noch einmal stark zugenommen, so daß der lang andauernde Streit über die Bedeutung Roms in der Frühzeit nun wohl entschieden ist: Rom war offenbar schon in dieser Zeit kulturell und politisch eine der größeren Siedlungen in Mittelitalien und speziell in Latium, dem Gebiet der Latiner, zu denen auch die Römer gehörten. Aus einigen Indizien läßt sich für Rom ein ziemlich ausgedehntes Territorium von vielleicht 850 km^2 und eine dementsprechend hohe Bevölkerungszahl von wenigstens 35 000 Menschen erschließen. Man geht wohl nicht fehl, wenn man den beachtlichen Wohlstand Roms auch auf militärisches Durchsetzungsvermögen zurückführt; schließlich ließen sich ökonomische Gewinne durch Beute und Landokkupation am schnellsten erzielen. Die späteren Geschichten über Roms erfolgreiche Feldzüge schon während der Königszeit und eine erste Expansionsphase vor allem unter dem letzten König scheinen also die historische Entwicklung durchaus zutreffend widerzuspiegeln.

Für das 6. Jh. bezeugen archäologische Befunde einen Ausbau der Stadt. Es wurden Tempel etwa am Viehmarkt errichtet, das Forum wurde unter anderem mit einem Versammlungsplatz (Comitium) versehen, auch scheint ein befestigter Tiberhafen entstanden zu sein. Diese Bautätigkeit, die der Stadtbevölkerung zugute kam, fällt in die Zeit der etruskischen Könige, die so ihr Prestige erhöhten und ihren Anhang erweiterten. In den literarischen Quellen werden ihnen verschiedene Reformen zugeschrieben, die aber im einzelnen schwer zu verifizieren sind, auch wenn manches Relikt der republikanischen Epoche offenbar tatsächlich auf die Königszeit zurückgeht. Der Bau des großen Jupitertempels auf dem Capitol ist fest mit dem König Tarquinius Superbus verknüpft und dürfte wohl in seiner ersten Form in das späte 6. oder frühe 5. Jh. gehören.

In der Überlieferung hat sich die Vorstellung festgesetzt, daß die Vertreibung des Königs und die Weihung des Jupitertempels in dasselbe Jahr fielen; der König soll die offizielle Inbetriebnahme seines Großbaus nicht mehr in Rom erlebt haben, statt seiner besorgten die neuen Magistrate die Durchführung der Feierlichkeiten. Wie es zu dieser Rebellion kam, wird bereits in den Quellen in vielen Varianten erzählt, und die moderne Forschung hat eine noch größere Zahl von unterschiedlichen Konstruktionen der Abläufe hervorgebracht. Für meine Geschichte von der Beendigung der Königsherrschaft muß ich mich auf zwei Versionen beschränken, eine farbige römische und eine recht abstrakte moderne, die aber eine gewisse Plausibilität besitzt, ohne freilich über den Status einer gewagten Hypothese hinausgelangen zu können.

Zunächst zu dem, was sich die Römer erzählten. Nach der Darstellung des Dionysios von Halikarnassos entbrannte der zweite Sohn des Königs Tarquinius, Sextus Tarquinius, in Leidenschaft für eine schöne Römerin aus bester Familie, Lucretia, die mit Collatinus, einem Verwandten des Königshauses, verheiratet war. Als Collatinus mit dem König im Felde stand, besuchte der Königssohn Lucretia und machte ihr Avancen, die sie empört zurückwies. Um seinen Wünschen Nachdruck zu verleihen, zückte Tarquinius das Schwert. Doch die stolze Römerin fürchtete den Tod nicht, wohl aber die Schande, so daß erst die Drohung des Sextus Tarquinius Wirkung zeigte, er werde sie töten und ebenfalls einen Sklaven, den er nackt neben sie legen werde, um Lucretia ihrem Ehemann als zu Recht erschlagene Ehebrecherin zu präsentieren. Am Morgen nach der Vergewaltigung eilte Lucretia zu ihrem Vater und überredete ihn zu einer öffentlichen Inszenierung: Sie gingen aufs Forum, und Lucretia berichtete dem Volk von der Untat des Königssohnes. Dann stieß sie sich vor aller Augen einen Dolch in die Brust und starb auf der Stelle. Ihre aufgebahrte Leiche verstärkte den Zorn der versammelten Bürger, und unter Führung des nunmehr die Szene betretenden Brutus, der mit Lucretias Mann Collatinus befreundet war, schworen alle einen Eid, der Tyrannei der Königsfamilie ein Ende zu setzen. König Tarquinius, der gerade in Latium Krieg führte, ließen die Römer nicht mehr zurück in die Stadt, und sie setzten sich auch erfolgreich gegen seine Versuche zur Wehr, sich mit Hilfe starker Außenmächte gewaltsam in seine alte Stellung zurückzukämpfen. Unter dem Eindruck der Entartung des Königsgeschlechts beschlossen die Römer feierlich, nie mehr Könige in Rom zu dulden und sich eine innere Ordnung zu geben, die vor allem darauf basierte, daß Führungspositionen nur noch zeitlich befristet und in personellem Wechsel rotierend besetzt werden sollten. Die Republik war geboren.

Nun aber zur modernen Variante, deren Grundzüge ich bereits angedeutet habe. Da alle Untersuchungen zeigen, daß keine mündliche Überlieferung eine Ereigniskette auch nur über 100 Jahre – geschweige denn über ca. 250 bis 300 Jahre – zu tradieren vermag, ohne daß gravierende Verfremdungen der Fakten eintreten, ist es ganz und gar unwahrscheinlich, daß Ablauf und Figuren dieser Erzählung – einschließlich der Figur unseres Freiheitshelden Brutus – auch nur einen Hauch von Authentizität beanspruchen dürfen. Zudem sind Vergewaltigungsgeschichten so feste Bestandteile der zahlreichen antiken Darstellungen zur Entartung von Tyrannen, daß sie schlicht als Produkt literarischer Bearbeitung – als Topik – anzusehen sind. Demgegenüber ist unbestreitbar, daß ein so schwerwiegender Eingriff in die innere Struktur, wie ihn ein politischer Systemwechsel nun einmal darstellt, nur das Ergebnis massiver Konflikte sein konnte. Solche tiefgehenden Verwerfungen könnten nun dadurch ausgelöst worden sein, daß ein König – nennen wir ihn Tarquinius –, vielleicht auch leichtsinnig geworden durch seine militärische Fortune, den Ausbau der eigenen Stellung übertrieb. Daß er Jupiter, der zuvor wohl unter freiem Himmel verehrt wurde, einen richtigen Tempel errichten ließ und sich diesem Gott persönlich annäherte, der durch die Beinamen Optimus (der Beste) und Maximus (der Größte) zum höchsten Gott des römischen Götterhimmels deklariert worden war, barg die Gefahr, daß das neue Königtum eine besondere Beziehung zur Götterwelt für sich in Anspruch nahm und so seine nun erworbene politisch-militärische Position durch göttliche Verklärung steigerte. Diese neue Interpretation der königlichen Funktion als tatsächliche Herrschaft mit militärischer Initiative und privilegiertem Zugang zu den Göttern gefiel den in ihrem Siedlungsbereich weitgehend souverän agierenden Clanführern nicht, und so taten sie sich zusammen, um den König und einige seiner Anhänger zu vertreiben und zu den Verhältnissen der guten alten Zeit zurückzukehren.

Wenn man dieser Vorstellung folgt, so definiert sich die Republik zunächst einmal wesentlich durch die Abwesenheit eines Königs. Die Vertreibung des Tarquinius erscheint dann nicht als der unmittelbare Auslöser für die Schöpfung einer ganz neuen, feinsinnigeren institutionellen Ordnung des Gemeinwesens; diese präsentiert sich vielmehr als der reaktionäre Versuch, zu den Verhältnissen der Frühzeit zurückzukehren, als die Zentrale noch schwach und völlig unausgeprägt war und alle Kompetenzen bei den weitgehend autonomen Clanführern lagen. Die allmähliche Verstaatung Roms, die die letzten Könige gefördert hätten, wäre demnach zurückgedreht, die Anliegen der Gemeinschaft wären den Einigungsprozessen unter den Geschlechteroberhäuptern anheimgestellt worden. Dazu paßt vor allem ein Phänomen, das in allen literarischen Quellen betont wird: die Abschließung der Patricier – also wohl der Schicht der Clanoberhäupter und ihrer Familien – und die massiven Auseinandersetzungen dieser Gruppe mit den Plebeiern, die bald ausbrachen und in denen es um politische und materielle Partizipation ging. Wenn denn die Plebeier schon wenige Jahre nach dem Ende der Königszeit gegen die Clans um ihre Rechte kämpfen mußten, dann ist das ein deutlicher Hinweis darauf, daß von der Veränderung, die mit der Vertreibung des Königs einherging, eben nur die großen Geschlechter profitiert hatten. Wahrlich nicht immer sind die Nutznießer einer einschneidenden Veränderung auch ihre Urheber, doch in Ermangelung verläßlicherer Anhaltspunkte ist die Erklärung des Königssturzes durch die Interessen der Gewinner zumindest eine ordentliche Hypothese.

Die Rückkehr zu den glorreichen Verhältnissen früherer Tage erschien den Römern auch in späterer Zeit grundsätzlich als ein durchaus erstrebenswertes Ziel. Aber Lucius Brutus hätte es wohl kaum zu ewigem Ruhm gebracht, wenn ihm und seinen Kollegen der «Stunde Null» nicht eine Fülle von Maßnahmen zugeschrieben worden wäre, mit denen tatsächlich wesentliche Grundstrukturen des republikanischen Systems ausgebildet wurden: die Schaffung des doppelt besetzten Consulats als höchstes Amt, das durch die nur einjährige Amtszeit und die gegenseitige Kontrolle der beiden Stelleninhaber gegen Mißbrauch geschützt war, das Appellationsrecht des Bürgers gegen die direkte Strafgewalt des Amtsträgers, das auch dem kleinen Mann einen gewissen Schutz vor Übergriffen gewährte, und schließlich die Verpflichtung, keine Rückkehr zur Monarchie zuzulassen. Doch ist die Verlagerung solch visionärer Regelungen schon in die Frühzeit offenbar eine Konsequenz der deutlich späteren Vorstellung, daß die Republik von Anfang an stark und wehrhaft gewesen sein müsse. Das wird heute von der Forschung zumeist mit guten Gründen abgelehnt. Den großen Helden Lucius Brutus, dessen Statue auf dem Capitol ihn mit dem Schwert in der Hand zeigte, mit dem die Freiheit erkämpft und verteidigt werden muß, hätten wir demnach, wenn es ihn denn gegeben haben sollte, als rückwärtsgewandten Lobbyisten anzusehen, der die Handlungsspielräume seiner kleinen Schicht von Gutsherren vergrößert hätte – unter völliger Vernachlässigung der Interessen breiterer Bevölkerungskreise. Die Ironie der Geschichte besteht darin, daß hinter der Freiheitsrhetorik des späteren Nachfolgers Marcus Brutus, der sich durch das zeitgenössische Bild seines «Ahnen» angetrieben fühlte und beim Attentat auf Caesar eine führende Rolle spielte, eine analoge Fixierung auf die eigene Schicht zu greifen ist: Marcus Brutus engagierte sich für die Befreiung der Führungsschicht von der Herrschaft Caesars; die Freiheit der politischen Elite setzte er ganz selbstverständlich mit der Freiheit des römischen Volkes insgesamt gleich, so daß ihn die laue Reaktion der Stadtbevölkerung auf seine Großtat völlig überraschte. So mag er den Akteuren der Zeit des legendenumwobenen Königssturzes in ganz anderer Weise ähnlich gewesen sein, als er ahnte.

II. Von der bedrängten Latinerstadt
zur italischen Vormacht:
Roms Aufstieg im 5. und 4. Jahrhundert v. Chr.

Die Vertreibung des Königs Tarquinius aus Rom fällt in eine wildbewegte Zeit. Archäologisch ist die Zerstörung von Siedlungen in Mittelitalien zu fassen; die literarischen Quellen berichten von selbständig operierenden etruskischen Warlords, allen voran Lars Porsenna aus Clusium, der Rom erobert und es erst nach der Schlacht bei Aricia, in der er gegen die vereinigten Latiner unterlag, wieder freigegeben haben soll. Oft bringt man das Ende der Tarquinier in Rom in Verbindung mit der Attacke Porsennas, aber selbstverständlich kann dieser empfindliche Rückschlag für Rom auch kurz nach dem Umsturz erfolgt sein. Ziemlich sicher scheint jedenfalls, daß Rom nach einer Phase der Expansion im 6. Jh. in der ersten Hälfte des 5. Jh.s eine Periode der Bedrängung und mühevollen Verteidigung gegen verschiedene Außenmächte durchlebte.

Die Aktionen etruskischer Kriegsunternehmer erwiesen sich dabei insgesamt eher als sekundäres Problem im Vergleich zu den zahlreichen Attacken der wehrhaften Bergvölker, die immer wieder die fruchtbaren Gebiete Latiums überfielen, teils um Beute zu machen, teils aber auch, um sich dauerhaft festzusetzen. So standen Rom und die Latiner während der ersten Hälfte des 5. Jh.s wohl permanent unter dem Druck der Sabiner im Norden, der Aequer im Osten und der Volsker im Süden, und Teile Latiums wurden in dieser Phase anscheinend länger von den andrängenden Feinden besetzt. Angeblich mußte das königsfreie Rom erst einen Angriff der vereinigten Latiner zurückschlagen, wobei dem römischen Heer die Zwillingsgötter Castor und Pollux zu Hilfe gekommen sein sollen. Aber was immer man von diesem frühen Konflikt halten mag: Jedenfalls rauften sich die Latiner einschließlich der Römer zusammen, um die Invasionen gemeinsam abzuwehren. Diese naheliegende Allianz, deren Entstehung durch die kulturellen Gemeinsamkeiten – Sprache, materielle Kultur, gemeinsame Kulte – erleichtert wurde, funktionierte in den folgenden Jahrzehnten offenbar gut und trug dazu bei, daß man sich behaupten und etwa um die Mitte des 5. Jh.s allmählich in die Offensive gehen konnte.

Der Latinerbund war der Tradition nach in einem Vertrag paraphiert worden, dem sogenannten *foedus Cassianum*, also dem Bündnisdokument, das nach dem römischen Unterhändler Spurius Cassius benannt wurde. Cicero behauptete 56 v. Chr., der Text sei auf einer Bronzestele auf dem Forum noch zu sehen. Leider kann man daraus nicht unbedingt folgern, daß es sich um einen echten Vertrag aus dem 5. Jh. handelt. Doch ist es wahrscheinlich, daß sich die Latiner untereinander verständigten und eine längerfristige Kooperation organisierten. Unserer Überlieferung zufolge schlossen jedenfalls Römer und Latiner Frieden und vereinbarten gegenseitige Hilfeleistung im Verteidigungsfalle sowie Aufteilung der Beute zu gleichen Teilen. Schenkt man diesen Bestimmungen Glauben, so bestand bereits zu diesem Zeitpunkt eine ausgeprägte Dominanz Roms – trat es doch als gleichberechtigter Vertragspartner auf der einen allen anderen latinischen Städten auf der anderen Seite gegenüber, wobei möglicherweise sogar noch das römische Kommando in den gemeinsam zu führenden Kriegen hinzukam.

Daß sich das Kampfbündnis im Laufe der Zeit als immer effektiver erwies, hat wohl auch damit zu tun, daß man den immobilen Teil der Kriegsbeute, also erobertes Territorium, regelmäßig zur Gründung oder Verstärkung von Siedlungen nutzte, die sich gegen neue Angriffe auch einmal selbständig verteidigen konnten. Eine solche Siedlung mit eigener innerer Organisation, in die Rom und die Latiner eigene Bürger als Siedler entsandten, nannten sie *colonia*, also Kolonie. Diese Kolonien wurden als latinische Städte anerkannt, und so profitierten sie sofort von den Austauschgemeinschaften der Latiner – hatte sich unter diesen doch offenbar schon frühzeitig durchgesetzt, daß alle Einwohner der Städte Latiums untereinander heiraten und Geschäfte tätigen konnten. Daneben gab es auch eine Reihe von spezifisch römischen Kolonien, deren Bürger Römer blieben; diese lagen zumeist am Meer, um dort den Küstenschutz zu übernehmen.

Der erste wirklich große Krieg, den die Römer führten, dürfte jener gegen die Etruskerstadt Veii gewesen sein, der 10 Jahre gedauert haben soll (ca. 406–396 v. Chr.). Veii lag am nördlichen Tiberufer im Landesinneren etwa 15 km von Rom entfernt und war – wie archäologische Untersuchungen bestätigt haben – eine prosperierende Stadt, mit der Rom konkurrierte. Den Römern war eine weitere territoriale Expansion ebenso wie die Kontrolle der Handelswege am Tiber durch die Bewohner von Veii versperrt, und diese dürften Rom in ähnlicher Weise als Hemmschuh der eigenen Entwicklung empfunden haben. Der Tradition zufolge führten Rom und Veii bereits im 5. Jh. zwei Kriege gegeneinander, aber historisch abzusichern ist nur der eine große Krieg, der am Ende, nach vielen Rückschlägen auch auf römischer Seite, mit der Eroberung und Zerstörung Veiis endete. Der große Held dieser Kämpfe soll Marcus Furius Camillus gewesen sein, doch erscheint diese Lichtgestalt der frühen Republik wie Lucius Brutus eher als eine sagenhafte Figur, der man in schönen Episoden alles zuschrieb, was man in späterer Zeit von einem idealen Römer erwartete: Vaterlandsliebe bis zur Selbstaufgabe, Tapferkeit und militärisches Geschick, Voraussicht, Götterfurcht und natürlich Durchhaltevermögen; letzteres stellte Camillus besonders unter Beweis, als er seine verzagenden Mitbürger zur Aufrechterhaltung der Belagerung Veiis brachte und so am Ende den Sieg errang. Daß demnach der Krieg die sehr ungewöhnliche Form einer längeren Belagerung angenommen haben soll, ist nicht wirklich als richtig zu erweisen. Immerhin wird uns berichtet, daß die lange Abwesenheit der Soldaten dazu führte, daß man ihnen Aufwandsentschädigungen zukommen ließ, während es bis dahin Brauch gewesen war, daß der Bürger seinen Wehrdienst für das Gemeinwesen nicht nur unentgeltlich leistete, sondern auch selbst für seinen Unterhalt sorgte.

In der Tat trat Rom seit dem 4. Jh. zunehmend in militärische Auseinandersetzungen ein, die sich länger hinzogen, so daß sie nicht mehr leicht von einem bäuerlichen Milizheer zwischen

Aussaat und Ernte bewältigt werden konnten. Die Schaffung einer finanziellen Kompensation war die logische Konsequenz. Allerdings gab es noch keinen Sold im eigentlichen Sinne – Rom hatte damals auch noch gar nicht begonnen, Münzen zu prägen –, wohl aber die Umlage der Kosten für Verpflegung auf die Allgemeinheit. Diese Änderung ging mit einer Steigerung des administrativen Aufwands einher, was verdeutlicht, daß die römische Republik die nur rudimentäre Organisation der Anfangszeit längst hinter sich gelassen hatte. Die neue Heeresversorgung durch das Gemeinwesen mußte allerdings auch finanziert werden, und so soll im frühen 4. Jh. das *tributum*, die Steuererhebung von den Bürgern entsprechend ihrem Vermögensstand, eingeführt worden sein.

Der Sieg über Veii mündete in der Zerstörung der Stadt und der Inkorporierung des gesamten, ziemlich großen Territoriums, so daß sich das römische Staatsgebiet auf einen Schlag um mehr als 500 km² vergrößerte. Doch nur zehn Jahre nach diesem grandiosen Erfolg auf dem Weg zur mittelitalischen Großmacht erlitten die Römer 387/6 einen herben Rückschlag. Keltische Kriegerscharen fielen, von Gallien kommend, in Italien ein, die Römer stellten sich ihnen in der Schlacht an der Allia und erlitten eine katastrophale Niederlage. Sie hatten den Kelten nun nichts mehr entgegenzusetzen und mußten die Einnahme und Plünderung ihrer Stadt hinnehmen. Einer zweifelhaften Legende zufolge hielten sie noch das Kapitol, und auch das nur, weil die heiligen Gänse der Juno, der Gemahlin des obersten römischen Gottes Jupiter, die ebenfalls auf dem Kapitol verehrt wurde, durch ihr aufgeregtes Geschnatter verhindert haben sollen, daß die Kelten in einem nächtlichen Überraschungscoup auch noch diese letzte Bastion eroberten. Selbst wenn die patriotische Geschichtsklitterung, die ja ganz darauf ausgerichtet ist, die Vergangenheit zur Erleichterung der Gegenwart zu reparieren, noch einen siegreichen Kampf des aus dem Exil heimkehrenden Camillus und seines letzten Aufgebots konstruierte, so daß sich die Römer am Ende doch noch mit Waffengewalt selbst aus ihrer Zwangslage befreit hätten: Größere Wahrscheinlichkeit besitzt eine andere Version, nach der sich die Befreiung Roms erheblich unheroischer gestaltete. Die Kelten oder Gallier – womit dasselbe Volk bezeichnet wird – waren ja in das römische Gebiet eingefallen, um Beute zu machen; es ist kein Bemühen erkennbar, sich in Rom oder sonstwo anzusiedeln. Folglich nahmen sie aus Rom alles, was nicht niet- und nagelfest war, mit bzw. überließen es den Besiegten gegen große Lösegeldzahlungen. Um diese aufzubringen, mußten die römischen Frauen ihren Goldschmuck hergeben. Finden wir in dieser Geschichte auch etwas weniger römischen Heldenmut, so werden wir doch voll entschädigt durch den überzeitlich gültigen Ausspruch «Vae victis» – «Wehe den Besiegten», mit dem der wichtigste Historiker der römischen Frühzeit, Titus Livius, seine Darstellung schmückt.

Dieser sogenannte Galliersturm scheint außenpolitisch ohne einschneidende Konsequenzen geblieben zu sein, was vermutlich damit zusammenhängt, daß es den potentiellen Konkurrenzmächten in Etrurien und Latium nicht viel besser ergangen sein dürfte als Rom. Das Lebensgefühl der Römer aber hatte einen nachhaltigen Dämpfer erfahren; materielle Spuren hinterließ diese wirkungsmächtige Erschütterung in Gestalt der großen Mauer, die nach der Niederlage um die Stadt gezogen wurde, während es zuvor wohl eher Erdwälle und schwächere Steinbefestigungen gegeben hatte – immerhin eine rationale Reaktion auf die Eroberungserfahrung. Auch daß man das Datum der Allia-Schlacht, den 18. Juli, als «schwarzen Tag» (dies ater) im Kalender vermerkte und künftig die Durchführung aller öffentlichen Prozeduren wie Volksversammlungen und Senatssitzungen an diesem Tag verbot, zeigt deutlich, wie tief sich das Erlebnis der Niederlage eingegraben hatte. Man bemühte sich offenbar intensiv, nicht wieder in ähnlichem Maße das Mißfallen der Götter zu erregen, das nach römischem Verständnis allein einem solchen Schicksalsschlag zugrunde liegen konnte. Außerdem entwickelten die Römer eine spezielle Furcht vor den Galliern (metus Gallicus), die noch im 1. Jh. v. Chr. lebendig war. Psychologisch wirkte der Galliersturm also noch nach, als seine materiellen und politischen Folgen schon lange verflogen waren.

Die Römer setzten nämlich ihre erfolgreichen Feldzüge ungebrochen fort und gewannen in den nächsten Jahrzehnten die Dominanz über Mittelitalien. Dabei gelangten sie allmählich in eine Machtposition, die sie für bedrängte Städte als Adressaten von Hilfegesuchen attraktiv machte. Möglicherweise kam es schon 343 v. Chr. zu einem solchen Bündnisangebot aus Capua in Kampanien, jener weiter südlich gelegenen Landschaft um Neapel. Jedenfalls vollzog sich der weitere Aufstieg Roms fortan im wesentlichen in der Form, daß es von weit und immer weiter entfernt gelegenen Gemeinwesen gegen auswärtige Feinde zu Hilfe gerufen wurde. Das römische Selbstbild, daß es vorrangig die treue Verteidigung der eigenen Bundesgenossen gewesen war, welche den Römern die Weltherrschaft beschert hatte, hat also durchaus eine reale Wurzel, wobei sich freilich die mit römischer Unterstützung beglückten Bundesgenossen hinterher wohl manches Mal gefragt haben dürften, ob sie das siegreiche Eingreifen der mächtigen Freunde wirklich als einen Segen betrachten sollten.

341 bis 338 rebellierten jedenfalls die meisten latinischen Städte gegen Rom und brachten die Römer an den Rand einer Niederlage. Diese existentielle Krise der römisch-latinischen Allianz, die trotz mancher zwischenzeitlicher Verwerfung insgesamt mehr als ein Jahrhundert lang die wesentliche Grundlage zunächst der Selbstbehauptung und später der Expansion gebildet hatte, war wohl eine Konsequenz der römischen Erfolge. Die Latiner hatten viele Lasten mitgetragen, doch die Gewinne an Land, Macht und Prestige waren überproportional den Römern zugute gekommen. Mit ihrer Rebellion bäumten sich die Latiner ein letztes Mal gegen die römische Herrschaft auf. Nach dem mühsam erkämpften Sieg machten die Römer dann dem mittelitalischen Föderalismus den Garaus. Städteverbindungen und Bündnissysteme wurden aufgelöst, ein Teil der Rebellen wurde in den römischen Staat inkorporiert, und den verbleibenden Gemeinwesen wurden jeweils Einzelbündnisse mit Rom auferlegt. Wenn man nach einer Geburtsstunde des sogenannten römischen Bundesgenossensystems sucht, dann ist sie wohl am ehesten hier zu finden. Die Römer entwickelten eine Reihe von

unterschiedlichen Formen des Anschlusses, die sie den besiegten Italikern gewährten bzw. diktierten. Darin hat man lange Zeit eine höhere Weisheit am Werke gesehen, trug diese Flexibilität doch nicht nur dem römischen Machtkalkül, durch Diversifizierung der Statusformen die Solidarisierung der Bundesgenossen zu erschweren, sondern auch den unterschiedlich ausgeprägten Bedürfnissen der Betroffenen, ihre innere Selbstverwaltung zu erhalten und sich in der inneren Struktur nicht an das römische Muster anpassen zu müssen, bis zu einem gewissen Grade Rechnung. Doch sollte man darüber nicht vergessen, das hegemoniale Grundprinzip römischer Allianzbildung gebührend hervorzuheben – nämlich den Abschluß eines Einzelvertrags mit jedem besiegten Staatswesen ohne dessen Einbindung in irgendeine Organisation, die den Vertragspartnern Kommunikation und Interessenabstimmung untereinander erleichtert hätte. Seit 338 erscheint dieses Prinzip voll ausgeprägt und ist mit großer Sturheit verwirklicht worden. In den Erfahrungen des Latinerkriegs könnte auch die Wurzel der antiföderalen Fixierungen der Römer liegen, die es ihnen selbst dann, als sie zur Weltmacht aufgestiegen waren, unmöglich machten, an eine auf politischer Teilhabe beruhende Integration der von Rom weiter entfernt lebenden Bevölkerung auch nur zu denken.

Der sogenannte 2. Samnitenkrieg, dessen Benennung als «zweiter» davon abhängt, ob man den umstrittenen sogenannten «ersten» als historisch akzeptiert, wurde im Jahre 326 von den Römern mehr oder weniger provoziert und zog sich mit zahlreichen Unterbrechungen bis zum Friedensschluß von 304 hin. Nach der Inkorporierung der meisten Latiner hatten die Römer die Tradition, im Kriege gewonnenes Territorium durch Gründung von Kolonien zu sichern, nicht etwa aufgegeben. Diese neuen Kolonien, die sowohl in Etrurien als auch im Süden in der Nähe des samnitischen Kernraums angelegt wurden, erhielten den Status latinischer Städte, d. h., ihre Bewohner waren keine römischen Bürger und organisierten ihr Gemeinwesen eigenständig, doch privatrechtlich waren sie Römern mehr oder weniger gleichgestellt. Den Samniten, einer im mittleren Appenin lebenden Gemeinschaft von vier oskischen Stämmen mit geringer staatlicher Verdichtung, aber von beachtlicher militärischer Schlagkraft, gefiel es begreiflicherweise gar nicht, daß die Römer ihnen durch solche Vorposten und zudem den Anschluß vieler kampanischer Städte die Bewegungsfreiheit beschnitten, und so setzten sie sich energisch zur Wehr. Die Römer erlitten denn auch viele Rückschläge, darunter die demütigende Niederlage bei Caudium, wo ihr Heer 321 in einen Hinterhalt geriet, festgesetzt wurde und erst wieder nach Hause zurückkehren durfte, nachdem alle Römer leichtbekleidet und waffenlos unter einem Joch hindurchgekrochen waren. Die Kämpfe wurden seit 311 dadurch weiter erschwert, daß sich nun auch die Etrusker und Umbrer im Norden Roms gegen die neue Vormacht wehrten – eine Bewegung, welche die Römer erst 308 in den Griff bekommen sollten. Doch die mittlerweile erschöpften Samniten schlossen 304 einen Frieden mit Rom, der für sie mit erheblichen Gebietsverlusten verbunden war.

Nicht lange blieb es friedlich, da kam es 298 zu einer neuen Offensive gegen Rom, zu der sich die Samniten im Süden und die Etrusker und Umbrer im Norden und Osten zusammenschlossen, wobei sie auch noch durch oberitalische Kelten unterstützt wurden. Dieser Mehrfrontenkrieg stellte große Anforderungen an das römische Militärpotential, doch mit der siegreichen Schlacht bei Sentinum (in Umbrien) 295 konnte sich Rom im Norden durchsetzen, und auch die Samniten standen nun auf verlorenem Posten. Es dauerte allerdings noch bis zum Jahr 290, ehe auch dieser 3. Samnitenkrieg offiziell beendet werden konnte.

Innerhalb nur eines Jahrhunderts seit der Eroberung von Veii hatte es Rom also zur Herrschaft über ganz Italien gebracht, allein noch Tarent hatte sich mit seinem Einflußbereich am Golf von Taranto leidlich unabhängig gehalten. Daß die Römer ihr Territorium im Zuge der Kriege enorm vergrößert hatten, ist selbstverständlich, doch hatten sie auch viele besiegte Staaten in ein vertragliches Unterstützungsverhältnis gezwungen, das diesen zwar die Heeresfolge unter römischem Kommando auferlegte und ihren außenpolitischen Spielraum praktisch zum Verschwinden brachte, sie aber im Inneren unbeeinträchtigt von römischer Einmischung beließ. Die noch verbliebenen latinischen Städte, die nicht im römischen Staatsverband aufgegangen waren, sowie die beachtliche Menge von Kolonien mit latinischem Bürgerstatus, die Rom überall in Italien gegründet hatte, wo eine verläßliche, schlagkräftige Gruppe von romtreuen Siedlern zur Sicherung des Territoriums erforderlich schien, gehörten ebenfalls zu den Bundesgenossen und entsandten Kontingente ins gemeinsame Heer. Daß nun die Bundesgenossen bei den römischen Kriegen etwa die Hälfte des Aufgebots stellten, bedeutete eine enorme Verstärkung der römischen Wehrkraft. Roms Bündnissystem war jedoch eine reine Kriegsorganisation. Für Friedenszeiten war keine Form des regelmäßigen Austauschs vorgesehen, Rom hätte also in Friedenszeiten gar nicht richtig spüren können, daß es die unumstrittene Vormacht in diesen Verbindungen war. Sinn, Zweck und Lebenselixier dieser ganzen Konstruktion war der Krieg, und so ist es nicht verwunderlich, daß weiter regelmäßig Gelegenheiten gefunden wurden, Kriege zu führen. Doch nicht nur die Struktur der zwischenstaatlichen Verbindungen drängte auf Kriege hin, sondern auch die inneren Verhältnisse Roms, die lange von massiven Auseinandersetzungen bestimmt waren, zu deren Eindämmung immer wieder auch der Solidarisierungsschub vonnöten war, den der gemeinsame Krieg als existentielle Bedrohungslage in jedem Gemeinwesen hervorzubringen pflegt. Um nachzuvollziehen, wie es zu der eigentümlichen römischen Kriegergesellschaft kam, müssen wir noch einmal zu den Anfängen der Republik zurückkehren.

III. Von der inneren Spaltung zum Ausgleich voller Widersprüche: Die Ausformung der Republik in den Ständekämpfen

Angesichts der Kette von zum Teil schweren inneren Konflikten, die Rom im 5. und 4. Jh. v. Chr. durchzustehen hatte, ist die außenpolitische Erfolgsgeschichte zunächst einmal erstaunlich.

«Einigkeit macht stark» ist eine ebenso schlichte wie unter vielen Bedingungen zutreffende These. Doch im Falle Roms sieht man eher, wie der Druck der ständigen Kriege immer wieder die notwendige Solidarität erzeugte, um das Auseinanderbrechen des Gemeinwesens zu verhindern. Ohne die fast jährlichen Feldzüge wäre den Streitparteien möglicherweise das Bewußtsein abhanden gekommen, daß sie auch gemeinsame Interessen besaßen; und ohne die häufigen militärischen Erfolge und die damit verbundenen materiellen Gewinne hätten sich die harschen Gegensätze wohl auch nicht abmildern und allmählich zu Kompromissen bringen lassen. Die Ausformung und Stabilisierung der römischen Republik war eher die Folge der Expansion als ihre Grundlage.

Als die Oberhäupter der Geschlechterverbände, die umfangreiche Ländereien und das zu deren Bewirtschaftung erforderliche Personal kontrollierten, Tarquinius Superbus aus Rom vertrieben, stand ihnen sicher nicht vor Augen, daß sie damit eine neue Konfliktphase einleiteten, die wir als die Zeit der Ständekämpfe zu bezeichnen gewohnt sind. Vielmehr scheint sie das Ziel verbunden zu haben, nun zu den Verhältnissen der «guten alten Zeit» zurückzukehren – von der ewigen Neigung der Menschen, die Vergangenheit zu idyllisieren, dürften auch sie erfaßt gewesen sein. Wenn man diese Konstruktion der Hintergründe des Königssturzes akzeptiert – und mehr als eine unsichere Vermutung kann es angesichts der problematischen Überlieferungslage nicht geben –, wenn man dem aber folgt, so ist es völlig ausgeschlossen, daß die Berichte unserer Quellen über die Neuordnung des Gemeinwesens richtig sind. Angeblich sollen nämlich Lucius Brutus und seine Mitstreiter ein doppelt besetztes Oberamt eingeführt haben – das Konsulat –, auf das die umfassende Befehlsgewalt des Königs im Prinzip ungebrochen übergegangen sei. Dem steht entgegen, daß eine Reaktion der lokalen Granden gegen den mächtig gewordenen König gerade auf eine Schwächung der Zentralgewalt abzielen mußte, sonst hätten die Herren ja völlig umsonst gesiegt.

Daß nicht das von zwei gleichberechtigten Konsuln besetzte Oberamt am Beginn der Republik stand, ist aufgrund ver-

schiedener Ungereimtheiten der Überlieferung immer wieder
vermutet worden. Die Hypothesen reichen von einem nur ein-
stelligen Amt mit begrenzten Befugnissen bis hin zu drei Stellen, die vielleicht untereinander hierarchisch geordnet waren.
Aber vor allem ist die umfassende Befehlsgewalt der späteren
Konsuln, das sogenannte *imperium*, welches das Kommando
über Truppen, die Gerichtsbefugnis und die politische Initiative
in Senat und Volksversammlung umfaßte, erst nach und nach
gewachsen; jedenfalls ist es nicht zu Beginn der Republik von
den Königen gleichsam ererbt worden. Diese Ergebnisse der
kritischen Geschichtsforschung haben die traurige Konsequenz,
daß die Konsulliste, die uns aus späterer Zeit überliefert ist,
als historisch zweifelhaft gelten muß: Die Angaben über die dort
verzeichneten Konsuln ab 509 kann man nicht als gesichert ansehen. Das schließt freilich nicht aus, daß man schon früh Listen
der Jahresbeamten zu führen begann. Dafür spricht vor allem,
daß die Jahre nach diesen Beamten benannt und auch später
identifiziert wurden – weil man z. B. für längerfristige Kredit-
geschäfte wissen mußte, ob die 5 Jahre seit dem Konsulat eines
Claudius und eines Cornelius nun schon abgelaufen waren oder
nicht –, und da tat man sich mit einer Beamtenliste einfach
leichter.

Da diese Konsulfolge das chronologische Rückgrat der Republik bildet, um das herum die teilweise ausführlichen Darstellungen der äußeren und inneren Aktivitäten der Römer ange-
lagert und angereichert worden sind, ist die Frage nach der
Zuverlässigkeit dieser Listen von wesentlicher Bedeutung für
die Verwertbarkeit der literarischen Überlieferung. Man kann
nun davon ausgehen, daß 367/6 v. Chr. das zweistellige Konsulat tatsächlich etabliert wurde und die Abfolge verläßlich ist.
Das bedeutet aber nicht, daß die früheren Namen auf dieser
Liste alle falsch sein müssen; es scheint vielmehr so, daß hier
aus älteren Informationen mit einem, zwei oder drei Namen
bzw. auch größeren Gruppen, die in den Listen als Konsular-
tribunen verzeichnet und erhalten geblieben sind, zweistellige
Kollegien fabriziert wurden, um die Überlieferung mit der
Gründungsideologie in Einklang zu bringen.

Die Rebellen gegen das Königtum richteten also wohl zunächst nur recht unkonturierte Ämter ein, deren Inhaber vor allem das Kommando in gemeinsamen Kriegen führen sollten, während die sakralen Befugnisse der Könige jetzt zum Teil auf spezielle Priestertümer übergingen. Jahrweise gab man sich im Kreis der führenden Familien die Ämter weiter; Gemeinschaftsangelegenheiten beredete und entschied man im Senat, der wohl zunächst aus den Geschlechteroberhäuptern und vielleicht auch ihrem Nachwuchs zusammengesetzt war. Für den Notstand gab es das Amt des Dictators, der alle Kräfte in militärischen Krisen zusammenfaßte.

Der Zündstoff dieser neuen *res publica* lag nun darin, daß die Anhängerschaft des Königs, die dieser in der Bevölkerung gewonnen hatte, die nicht in den Sprengeln der großen Clans lebte und diesen nicht als Clienten zugehörte, aus dem Spiel der Mächtigen völlig ausgeblendet war: Diese Menschen hatten mit dem König die Instanz verloren, die sich um ihre Belange kümmerte, und offenbar war nichts und niemand an die Stelle des Tarquinius getreten. Daß schon gut 10 Jahre nach der Machtergreifung der Geschlechteroberhäupter ein Auszug der *plebs* aus der Stadt erfolgt sein soll, ist von daher grundsätzlich nachvollziehbar.

Mit dem Ausdruck *plebs*, der in der deutschen Sprache noch heute für das breitere, nicht sonderlich gebildete Volk mit deutlich negativem Unterton in Gebrauch ist, wurde in Rom später jene Gruppe von Bürgern bezeichnet, die nicht Patricier waren – und das waren fast alle, darunter auch der größte Teil der Senatoren. In der Frühzeit waren die Verhältnisse komplizierter: Neben den Patriciern, die aus den Geschlechteroberhäuptern und ihren Angehörigen bestanden und sich erst allmählich als Geburtsstand abkapselten, gab es die Clienten der Patricier, also diejenigen Personen geringeren Vermögens, die den Patriciern in Abhängigkeit und in regelmäßigen Austauschbeziehungen verbunden waren, und die Plebeier, die nicht den Patriciern anhingen. Zwischen den Patriciern und ihren Clienten bestanden also Patronageverhältnisse, die für beide Seiten nützlich waren. Patronagebeziehungen sind Beziehungen zwischen Ungleichen, die durch gegenseitige Leistungen und Leistungserwartungen und die dadurch begründeten Verpflichtungen auf Dauer gestellt sind: Der Client mußte seinem Patron Dienste in Form von Arbeit oder Unterstützung bei dessen Unternehmungen erbringen, der Patron hingegen gewährte seinem Clienten einen gewissen Rechtsschutz und war grundsätzlich zur Fürsorge verpflichtet. Dagegen standen die Plebeier zunächst einmal allein in der Welt, soweit sie nicht untereinander analoge Patronagebeziehungen ausbildeten, was naheliegenderweise geschah. Aber als sich die *plebs* gegen das patricische Regime auflehnte, geschah dies wohl aus dem Empfinden heraus, in diesem neuen Staat weitgehend schutzlos zu sein.

Das entscheidende Druckmittel, das die Plebeier besaßen, war die unumstößliche Tatsache, daß man sie brauchte. Gewiß waren auch die Dienstleistungen der plebeischen Handwerker mittlerweile längst nicht mehr unbedeutend, doch wichtiger dürfte noch ihre militärische Funktion gewesen sein: Die Bedrohungen, denen die Römer ausgesetzt waren, ließen sich nicht allein mit den Aufgeboten der Geschlechterverbände abwehren, vielmehr war die Dienstbereitschaft aller Römer erforderlich, um den Gefahren zu trotzen. Die Zeiten, in denen Gentilgruppen eigenständig Nachbarschaftskriege führten und ihr Territorium erweiterten, waren vorbei. Die Geschichte vom «Streik» der Plebeier, die auf den heiligen Berg außerhalb der Stadt zogen und sich weigerten, weiter ihre Aufgaben zu versehen, wenn nicht ihre Forderungen erfüllt würden, mag also dramatisiert und in eine schöne Erzählung eingekleidet sein, ist aber im Kern zweifellos gut getroffen: Als sich die Plebeier wenigstens ein bißchen koordiniert und ihre Wünsche klar artikuliert hatten, konnten es sich die Clans nicht leisten, dieses Aufbegehren einfach zu ignorieren oder mit Gewalt zu unterdrücken.

Von vorneherein waren die Plebeier aber keine homogene Gruppe. Schon in der ersten Hälfte des 5. Jh.s scheint es Plebeier gegeben zu haben, die über größere Ländereien verfügten und sich demnach von ihrer ökonomischen Grundlage her und in der Ausrichtung ihres Lebens von den Oberhäuptern der traditionellen Clans gar nicht unterschieden. Doch sie waren eben keine Patricier. Denn die Geschlechteroberhäupter definierten sich mittlerweile als Angehörige eines Geburtsstandes, der mit besonderen Eigenheiten und Aufgaben ausgestattet war. So durften nur Patricier die für die korrekte Durchführung von Gemeinschaftsaufgaben wie Kriegsbeschlüssen oder Sühneopfern notwendige Götterbefragung durchführen, indem sie die sogenannten Auspicien einholten – ein festes Ritual der Beobachtung des Vogelflugs im Morgengrauen. Daß diese Gruppe der Patricier nicht von Anfang an so starr definiert war, daß sie niemanden mehr aufnehmen konnte, ist klar, und so wird man wohl vermuten dürfen, daß diese gesellschaftliche Verkrustung mit einer verächtlichen Abweisung von Aufsteigern zu tun hatte, die man nicht in den erlauchten Kreis hereinlassen wollte. Die selbsterrichteten Tabus erschwerten dann allerdings später die Einigung auf Kompromißlösungen.

Neben den leidlich vermögenden Plebeiern, denen es wohl vor allem um Gleichstellung mit den Patriciern im Hinblick auf die Bekleidung von Ämtern und die Einflußnahme auf Entscheidungen im Senat ging, gab es eine große Masse von kleinen Leuten, die vielleicht ihr Auskommen hatten, vielleicht aber auch tägliche Not litten und deren Interessen folglich ganz anders gelagert waren. In diesen Kreisen wünschte man sich ein Stück Land, war und blieb doch die Landwirtschaft trotz eines gewissen Aufschwungs von Handwerk und Handel durch die ganze Antike hindurch der dominante Erwerbszweig. Darüber hinaus gab es Verschuldungsprobleme und immer wieder Schwierigkeiten bei der Versorgung der Stadt mit den nötigen Gütern. Beide Gruppen von Plebeiern, die wohlhabenden wie die armen, verband das Leiden unter der Unsicherheit, welche die exklusive Verfügungsgewalt der Patricier über das Recht und die Rechtsprechung, aber auch über jene Ämter, deren Inhaber – Magistrate – zur Ausübung direkter Strafgewalt gegen jeden Bürger befugt waren, mit sich brachte.

So war es durchaus folgerichtig, daß sich die zurückgesetzten Plebeier in ihrer ersten erfolgreichen Gemeinschaftsaktion Volkstribune (*tribuni plebis*) schufen, die durch ständige Präsenz in Rom und insbesondere im politischen und ökonomi-

schen Zentrum, auf dem Forum, dafür sorgten, daß die plebeischen Belange nicht in Vergessenheit gerieten und der einzelne
Plebeier sich nicht plötzlich schutzlos einem patricischen Funktionsträger ausgeliefert sah. Ihren Interessenvertretern gab die
plebs Rückhalt durch einen feierlichen Eid, in dem sie sich verpflichtete, mit spontaner Gewalt gegen jeden, der einem Volkstribun zu nahe trat, vorzugehen und ihn zu töten. Diese *sacro-
sanctitas* der Tribunen, die auf dem feierlichen Schwur der *plebs*
basierende Unverletzlichkeit, war die Grundlage ihrer Befugnisse und Durchsetzungschancen. Die Aufgabe der zunächst
wohl nur zwei Volkstribune, deren Zahl dann in mehreren
Schritten bis auf zehn angehoben wurde, bestand ursprünglich
vor allem darin, bedrängten Plebeiern zu Hilfe zu kommen.
Doch nach und nach gewannen sie das Recht, durch ihr persön-
liches Dazwischentreten in den Volksversammlungen und im
Senat eine gültige Beschlußfassung zu verhindern, so daß sie das
staatliche Leben zum Erliegen bringen konnten. Dieses Recht
des Dazwischentretens nennt man «Veto-Recht» (von lateinisch
veto – ich verbiete). Kombiniert mit ihrer Kompetenz, das *conci-
lium plebis*, die Versammlung der *plebs*, zusammenzurufen und
dort Vorlagen einzubringen, über welche die Plebeier abstimm-
ten, konzentrierte sich in der Hand der Volkstribunen ein umfassendes Bündel von Bevollmächtigungen, die ihnen auch nach
dem Ständeausgleich erhalten blieben.

Doch bis dahin war es noch ein weiter Weg. Zunächst einmal
mußten die Volkstribune, die aus der Schicht der vermögenden
Plebeier stammten, so daß sie für den tagespolitischen Kampf
abkömmlich waren, den Standesgenossen bei Konflikten mit
den Magistraten beistehen, vor allem auch bei Aushebungen,
bei harter Behandlung im Felde, bei unfairer Beuteverteilung
und ähnlichem; außerdem mußten sie sich in wirtschaftlichen
Krisensituationen – etwa bei Mißernten und Teuerungen – für
soziale Überbrückungsmaßnahmen einsetzen. Darüber hinaus
kämpften sie regelmäßig für die Gleichstellung der Plebeier oder
wenigstens für die Reduzierung der politischen Vorrechte der
Patricier, die ihre Privilegien aber zäh verteidigten. Die farbigen
Berichte über diese Auseinandersetzungen zeigen sämtlich die

Konfliktlinien der späten Republik; hier wurden also Probleme aus dem 2. und 1. Jh. in die Vergangenheit zurückprojiziert, um in der Gegenwart ganz bestimmte Verhaltensweisen und Lösungsperspektiven durch das «Beispiel der Väter» als positiv oder negativ zu erweisen. Folglich darf man in die Verläßlichkeit solcher Schilderungen über die frühe Republik kein großes Vertrauen setzen. Es ist indes nicht zu bezweifeln, daß es in dieser Phase tatsächlich immer wieder zu harten Kämpfen gekommen ist, die bis zu Gewalttätigkeiten eskalierten; und die Plebeier dehnten bei solchen Anlässen ihre Ankündigung, ihren Tribunen in spontaner Selbsthilfe beizuspringen, auch auf einfache Standesgenossen aus, welche die *plebs* gegen patricische Willkür zu Hilfe riefen.

Dennoch ließen sich die Plebeier immer wieder in die Armee einberufen und erfüllten dort mit großer Disziplin und Tapferkeit ihre Wehrverpflichtung. Selbst wenn die territorialen Gewinne und die Beute überproportional von der Schicht der patricischen Kommandeure beansprucht wurden, blieb doch auch einiges für die einfachen Soldaten; vor allem hatte die römische Strategie, Landgewinne durch die Entsendung von Kolonisten auf Dauer zu stellen, die positive Nebenwirkung, daß mancher arme Plebeier, der zu Hause ökonomisch chancenlos war, in einer Kolonie mit einem Stück Land einen Neuanfang wagen konnte. Es war wohl bei den Römern nicht anders als auch sonst oft in der Weltgeschichte: Daß die Spaltungen in der Bürgerschaft nicht zur Auflösung des Gemeinwesens führten, lag wesentlich an der Tatsache, daß es immer wieder etwas zu verteilen gab. Die Beutegemeinschaft, hier im wörtlichen Sinne, funktionierte in Rom lange ganz ausgezeichnet.

In der Mitte des 5. Jh.s – und das ist eine der wenigen frühen Datierungen, die zwar nicht allgemein, aber immerhin weitgehend akzeptiert ist –, also um das Jahr 450 v. Chr. war das Bedürfnis in Rom übermächtig geworden, das geltende Recht schriftlich zu fixieren, vielleicht auch ein wenig zu reformieren, vordringlich aber es zu publizieren, so daß es allen Interessenten zugänglich wurde. Der Tradition nach setzten die Römer ein 10-Männer-Kollegium mit umfassenden Vollmachten ein, das die 12 Tafeln mit Gesetzen schuf, die noch zu Zeiten Ciceros im 1. Jh. v. Chr. jeder römische Schüler auswendig lernte. Daß wir eine solche Verschriftung und Veröffentlichung des geltenden Rechtes in Griechenland als Standardentwicklung im 7./6. Jh. überall greifen können, macht deutlich, daß Rom damit im normalen Trend lag, nur mit der üblichen italischen Verspätung. Lange sah man in den 12-Tafel-Gesetzen eine Errungenschaft der einfachen Bürger, die sie den Einflußreichen und Vornehmen, man kann auch sagen: dem Adel, erst mühselig hatten abringen müssen. Doch spricht manches für eine gegenteilige Deutung: Der Adel bemühte sich, durch die Kodifikation das Ensemble der eigenen Vorrechte, das im Verhaltenswandel langsam zu zerbröckeln begann, ein für alle Mal festzuschreiben. Nicht umsonst findet sich offenbar erst in den 12 Tafeln das strikte Heiratsverbot zwischen Patriciern und Plebeiern, das – so jedenfalls die Überlieferung – sofort große Empörung auslöste.

Überhaupt konnten die Plebeier offenbar erst nach der Publikation des Rechtes, das fortan gelten sollte und nach der Behauptung der Rechtsetzer ja schon immer gegolten hatte, in vollem Umfang ermessen, wie schlecht sie eigentlich dastanden. Daher ist es durchaus plausibel, daß damals die Kämpfe der Plebeier gegen das Monopol der Patricier wieder aufflammten und es zu einem neuen Streik der *plebs* kam. Zugeständnisse waren fällig, und so scheint das schon angesprochene Heiratsverbot zwischen den Ständen seine rigorose rechtliche Einschärfung nicht lange überlebt zu haben.

Bis zum Interessenausgleich zwischen den Ständen sollte es aber noch eine Weile dauern. Der entscheidende Schritt wurde der Überlieferung zufolge 367/6 vollzogen, als die langjährigen Vorkämpfer des Volkes, die Volkstribunen Gaius Licinius Stolo und Lucius Sextius Lateranus, mit resignierter Billigung der Patricier ein Gesetz einbrachten und vom Volk beschließen ließen, durch das auch Plebeier zum Oberamt zugelassen wurden. Daß damals das doppelstellige Konsulat geschaffen wurde, um für Angehörige beider Stände Platz zu schaffen und den Patriciern eine gewisse Kontrollstellung zu erhalten, ist insgesamt recht plausibel. Jedenfalls war damit die Zurücksetzung aufgehoben, welche die reichen Plebeier bisher weitgehend daran gehindert hatte, wie die Patricier als Truppenkommandeure – denn die militärische Führung war die interessanteste Funktion der Oberbeamten – Ruhm und Ehre und damit auch Einfluß zu gewinnen. Die Benachteiligung bei der Besetzung der wichtigen Ämter war aber wohl auch den ärmeren Plebeiern stets ein Dorn im Auge gewesen, manifestierte sich doch darin die Minderwertigkeit der Plebeier im römischen Gemeinwesen.

Auch wenn es noch verschiedener Zusatzmaßnahmen bedurfte und sich das weitere Verhältnis der Stände künftig keineswegs konfliktfrei gestaltete, war doch mit dem licinisch-sextischen Gesetz von 367/6 v. Chr. der Durchbruch geschafft. Daß gerade die Zulassung zum Oberamt, die dem einfachen Plebeier als symbolischer Akt wichtig war, für den reichen Standesgenossen aber eine bedeutsame Erweiterung der Handlungsoptionen darstellte, der wesentliche Schritt zur Entspannung gewesen zu sein scheint, kennzeichnet deutlich die Kräfteverhältnisse in der plebeischen Opposition: Die Interessen der Oberschicht waren vordringlich.

Im Laufe der Zeit wurde die plebeische Widerstandsorganisation allmählich in das Gemeinwesen eingebaut. Wohl 300 v. Chr. wurde durch ein Gesetz des patricischen Consuls Marcus Valerius Corvus der usurpierte plebeische Anspruch auf kollektive Selbsthilfe zum Schutz eines Plebeiers vor der Vollstreckungsgewalt eines patricischen Magistrats in ein offiziell anerkanntes Grundrecht umgewandelt, die sogenannte *provocatio* – also die Möglichkeit zur Anrufung des Volkes, normalerweise vertreten durch die Tribunen, gegen die magistratische Willkür. In die Gerichtspraxis wurde die Provocation so umgesetzt, daß jedem römischen Bürger bei Kapitaldelikten – das waren die Verbrechen und Vergehen, bei deren Verfolgung es um das *caput*, also den Kopf, ging – ein Prozeß vor dem Volke zustand. Ursprünglich wurde hier tatsächlich vor einer Volksversammlung verhandelt, später wurde das Volk durch Geschworene verkörpert. Dieses Provocationsrecht wurde zu einem Kernbestandteil der Freiheit des römischen Bürgers, und alle römischen Politiker beschworen in ihren Reden vor dem Volke gerne diese großartige Errungenschaft, welche die Vorfahren erkämpft hatten und die es nun den Nachfahren möglich machte, in Ruhe und Sicherheit zu leben und die Politik der wohlmeinenden Führungsschicht zu überlassen.

Im selben Jahr 300 soll ein Gesetz der Tribunen Quintus und Gnaeus Ogulnius festgelegt haben, daß die Plebeier fortan auch in die großen Priesterkollegien aufgenommen werden konnten, die sich die Patricier bislang noch vorbehalten hatten. Angesichts der verschiedenen Funktionen der Priester in der Kultausübung, der Behandlung von Vorzeichen, der Kontrolle des Kalenders und der Verwaltung der Regeln des Prozeßwesens war es wichtig, auch in diesen Kollegien präsent zu sein. Der Abbau der Schranken bei den Priesterämtern war also ein weiterer Schritt zur Gleichstellung.

Noch stand aber die revolutionäre Sonderorganisation der Plebeier, die jährlich neu gewählten 10 Volkstribune und die Versammlung der Plebeier, die diese Wahlen durchführte und sonstige Beschlüsse faßte, verhältnismäßig unverbunden neben der allgemeinen Staatsorganisation. Diese potentiell spannungsreiche Konkurrenzsituation getrennter Institutionenblöcke wurde im Jahre 287 v. Chr. durch einen Inkorporierungsakt abgemildert, der allerdings nicht zu einer Restrukturierung des Gemeinwesens führte: Konkret wurden durch die *lex Hortensia*, das Gesetz des Dictators Quintus Hortensius, die Volksbeschlüsse der Plebeiergemeinde, die *plebiscita*, als bindend für den Gesamtstaat anerkannt. Damit wurden die Volkstribune, die allein befugt waren, die Plebeierversammlung einzuberufen und zu leiten und ihr Anträge zur Abstimmung vorzulegen, und die Versammlung als solche zu akzeptierten Organen der *res publica Romana*. Was zunächst wie ein Geniestreich aussieht, nämlich die Vertretung der Plebeier nicht als überflüssig zu streichen, sondern als Perspektive für den Notfall zu erhalten und sich zugleich die etablierten Handlungsmöglichkeiten der Tribune für das anwachsende Gesetzgebungsprogramm zunutze zu machen, wurde dann aber längerfristig zu einem Problem. Die Befugnis der Volkstribune, über ihr Vetorecht alles staatliche Handeln zu verhindern, gleichzeitig aber selbst mit Hilfe der zumeist gefügigen Versammlungen gegen alle anderen Organe des Staates einseitige Politik vorübergehend durchzudrücken, führte in der späten Republik einige Male in Situationen hinein, in denen die Blockaden oder die Verletzungen des Rechtsgefühls mit rechtskonformen Mitteln nicht aufzulösen waren. In solchen Fällen löste sich die normale Schwelle, die in Rom der Anwendung von Gewalt bei politischen Meinungsverschiedenheiten entgegenstand, sehr schnell in Luft auf.

Doch davon war man im frühen 3. Jh. noch weit entfernt. Die Phase schwerer Konflikte zwischen Patriciern und Plebeiern war grundsätzlich überwunden, indem man die führenden Plebeier politisch integriert hatte. Man hat in der Forschung gelegentlich überlegt, ob denn die sogenannten Ständekämpfe damit wirklich zu Ende gingen, gab es doch auch danach noch Konflikte zwischen Volkstribunen als Vertretern von Anliegen der breiteren Bevölkerung und dem römischen Establishment. Doch damit verschiebt man den Kern der Auseinandersetzung. Seit der Mitte des 3. Jh.s war die tiefe Spaltung zwischen Patriciern und Plebeiern beseitigt; die Plebeier waren, soweit sie die materielle Basis besaßen und sich gegen die eisenharte Konkurrenz zu behaupten wußten, zu den Ämtern zugelassen, und es gab keine nennenswerte Diskriminierung von Plebeiern mehr im öffentlichen Leben der Stadt Rom. Was man nicht behoben hatte, das waren die ökonomischen und sozialen Nöte vieler Römer, die faktisch armseligen Lebensbedingungen, bei denen von Chancengleichheit keine Rede sein konnte, ja bei denen es fast gar keine Perspektive zur Besserstellung gab – aber wenn man von einigen, sich vielleicht schon dem Ende zuneigenden Phasen breiter verteilten Wohlstands in wenigen westlichen Ländern der Moderne absieht, so sind diese Probleme in der Weltgeschichte generell nicht gelöst worden. Mit den Kompromissen zur Öffnung begehrter Posten für die reichen Plebeier wurden die plebeischen Kampfinstitutionen nur äußerlich inkorporiert, in ihren Handlungsspielräumen aber nicht beschnitten. Folglich lag mit dem Volkstribunat weiterhin das Amt bereit, von dem aus man Bedürfnisse breiterer Schichten in Politik umsetzen und auch gegen erhebliche Widerstände von oben verfechten und manchmal durchsetzen konnte. Das war dann aber nicht mehr der Ständekampf, sondern das Ventil der gegen das Establishment gerichteten Verteilungsinteressen und Affekte – und Konfliktpotential dieses Typs ist bis zu einem gewissen Grade zeitlos. Insgesamt scheint es geradezu erstaunlich, daß solche Auseinandersetzungen in der römischen Republik eher selten aufbrachen und nur gelegentlich eine solche Schärfe gewannen, daß die Führungsschicht darauf mit realen Zugeständnissen oder massiven Unterdrückungsmaßnahmen reagieren mußte.

Zweifellos trug zur Entschärfung des innerrömischen Konfliktpotentials erheblich bei, daß durch die außenpolitischen Erfolge regelmäßig Beute- und Landgewinne erzielt wurden, von denen auch die einfachen Leute profitierten, etwa in Form einer Bauernstelle in einer neugegründeten latinischen Kolonie. Aber nicht jeder Soldat wurde in dieser Weise entschädigt, und dennoch zogen die Römer Jahr für Jahr in den Krieg. Selbst wenn man berücksichtigt, daß es in den antiken Stadtstaaten durchaus üblich war, öfter Krieg zu führen, und der antike Bürger daher damit lebte, mehrmals in seinem Leben als Soldat zu dienen, waren doch die römische Quote und das Ausmaß der Mobilisierung ungewöhnlich. Die Grundlagen für die hohe Beanspruchung der Bürgerschaft in den großen Kriegen des 3. und 2. Jh.s dürften in den vorangehenden Zeiten schon gelegt worden sein; dabei bilden die vielen Siege, die den Krieg natürlich populärer machen als Niederlagen, und die Notwendigkeit, innerrömische Konflikte durch den gemeinschaftstiftenden Kampf gegen äußere Feinde abzumildern, nur einen Teil der Erklärung. Wichtig ist darüber hinaus, daß die gesellschaftliche Orientierung auf den Krieg hin und das unbedingte Durchhalten bis zum Sieg fest in die römischen Rituale eingelagert waren. Dazu gehörten die sakrale Einteilung der Welt in den heimischen Bereich innerhalb der geheiligten Stadtgrenze und den Militärbereich, der den Rest der Erde umfaßte, außerdem die zahlreichen Kommunikationsakte mit den Göttern, die dem Ziel dienten, sich deren Unterstützung oder wenigstens Duldung im Kriege zu sichern, und die den Römern das Gefühl verschafften, das frömmste, gerechteste und daher zu Recht erfolgreichste Gemeinwesen der Welt zu sein, schließlich auch die Zuweisung von Ehre in dieser Gesellschaft, für die der Kriegsdienst und die Leistungen im Felde den entscheidenden Maßstab abgaben, mit dem keine sonstige Betätigung auch nur annähernd konkurrieren konnte. Gerade die Wettbewerbsethik des Adels wurde völlig vom Streben nach Krieg und Sieg dominiert, und nicht zuletzt deshalb konnte Rom sich noch jahrhundertelang nicht mit dem zufriedengeben, was es bereits erreicht hatte.

IV. Von der Dominanz in Italien zur Beherrschung des westlichen Mittelmeerraumes: Roms Kriege gegen Pyrrhos und Karthago

Nachdem die Römer die Samniten 290 niedergekämpft und sich bis 282 auch gegen die Kelten durchgesetzt hatten, die den antirömischen Widerstand in Etrurien, Umbrien und im Sabinerland unterstützt hatten, war nicht mehr daran zu zweifeln, daß sie die stärkste Macht ganz Italiens waren. Mittelitalien war fest in ihrer Hand, das Samnitengebiet hatten sie durch latinische Kolonien geradezu umstellt, Kampanien hatte sich ihnen weitgehend angeschlossen, und die Griechenstädte Süditaliens sahen in Rom ihren Ansprechpartner bei Problemen mit den italischen Völkern. Als daher das griechische Thurioi von den Lukanern belagert wurde, wandte es sich an Rom um Hilfe, und nachdem ein römisches Aufgebot der Belagerung 282 ein Ende gesetzt hatte, legten die Römer Besatzungen in mehrere Griechenstädte, um sie gegen künftige Attacken zu sichern.

Daß die Römer in die Rolle einer Schutzmacht der unteritalischen Griechen rückten, wurde in der alten Spartanerkolonie Tarent mit Argwohn registriert, denn schließlich war das traditionell ihre Position. Der Einflußsprengel Tarents rund um den nach der Hauptstadt benannten Golf war ohnehin die letzte Zone Italiens, in der die Römer nicht schon aufgrund von Bundesge-

nossenverträgen, durch die sie wenigstens einige der regionalen
Staatswesen an sich gebunden hatten, präsent waren; und dies
war wohl eher eine Folge anderer römischer Schwerpunktsetzun-
gen als die Konsequenz der Stärke Tarents. Gerade aber wegen
des vielfältigen Engagements an anderer Stelle war es in den zu-
rückliegenden Jahren vernünftig gewesen, die Einflußzone Tarents zu respektieren, und daher hatte Rom schon Ende des 4. Jh.s
vertraglich unter anderem garantiert, ohne Genehmigung der Tarentiner nicht in den Golf zu segeln. Bei der Installierung ihrer
Besatzungen 282 taten die Römer aber genau das und ankerten
sogar mit zehn Schiffen vor Tarent. Die beleidigte, sicher auch von
einigen Meinungsführern in ihrer Stadt aufgeputschte Bürgerschaft war empört und ließ sich zu einer Gewaltaktion hinreißen,
in deren Verlauf sie vier Schiffe versenkte und eines kaperte. Die
restlichen konnten sich noch rechtzeitig zur Flucht wenden. Da
damit ohnehin schon faktisch der Kriegszustand eingetreten war,
zogen die Tarentiner auch gleich noch gegen Thurioi und zwan-
gen die dortige Garnison der Römer zur Kapitulation.

Im Rom war man von der Aggressivität der Tarentiner offenkundig überrascht worden. Nichts spricht dafür, daß die Römer
mit ihrem kleinen, auf Probleme nicht vorbereiteten Geschwa-
der eine Machtdemonstration vornehmen wollten, vielmehr
scheinen sie die alte Vertragsbestimmung schlicht vergessen zu
haben. Doch war schon dies ein Symptom für die neue Situation: In Rom betrieb man fröhlich Machtpolitik, bereitete die
römische Durchdringung Südwestitaliens vor und verschwen-
dete offenkundig keinen Gedanken daran, wie diese Politik
auf die reichste und mächtigste Griechenstadt in Italien, eben
Tarent, wirken mußte. Immerhin versuchten die Römer jetzt,
jede Überreaktion zu vermeiden, und schickten eine Gesandtschaft nach Tarent, die sich allem Anschein nach ernsthaft um
ein friedliches Arrangement bemühen sollte.

Unsere Überlieferung hat diesen Gesandtenbesuch in drama-
tischer Weise ausgestaltet, was das berechtigte Mißtrauen der
Forschung gegen die Historizität dieser Episode hervorgerufen
hat. Doch trotz aller Übersteigerungen und Unzuverlässigkeit
im Detail ist der typisierende Gehalt der Darstellungen bezeich-

nend, in dem die kulturelle Bruchlinie recht gut zu erkennen ist. Der römische Gesandtschaftsführer Lucius Postumius Megellus soll nämlich in der Volksversammlung, vor die er nach griechischem Brauch geführt wurde, auf Griechisch gesprochen haben. Dabei unterliefen ihm einige Fehler, welche die feindselige Menge amüsierten und zu despektierlichen Äußerungen und Gesten veranlaßten. Schließlich ging ein Tarentiner, der teils als selbsternannter Spaßvogel, teils als Agitator charakterisiert wird, so weit, unter dem Gejohle der Umstehenden seine Blase auf die feine weiße Toga des Gesandten zu entleeren. Postumius ließ diese grobe Beleidigung stoisch über sich ergehen und sagte nur: «Diese Toga werdet ihr mit eurem Blut reinwaschen müssen».

Auch wenn sich das alles wohl kaum so abgespielt haben dürfte, sind doch die darin aufscheinenden ethnischen Muster bezeichnend: Die griechischen Volksversammlungen sind von den Römern stets als abschreckendes Beispiel für die Auslieferung des Gemeinwesens an eine teils demagogisch manipulierte, teils sich in hysterische Angst- oder Allmachtsvorstellungen versteigende Masse gebrandmarkt worden; gleichzeitig galt ihnen aber die griechische Kultur – repräsentiert durch Philosophie, Rhetorik, Literatur, Kunst und Naturwissenschaften, gegossen in die griechische Sprache – als unübertroffene Höchstleistung. Daß also führende Römer den Ehrgeiz entwickelten, vor Griechen ohne Dolmetscher griechisch zu sprechen, fängt ihre kulturellen Minderwertigkeitsgefühle recht gut ein, die noch im 2. Jh. beträchtlich waren und von dem selbsternannten Musterrömer Marcus Porcius Cato verhöhnt wurden.

Der Krieg war jedenfalls nicht mehr zu vermeiden, und die Tarentiner sahen sich nach Unterstützung um. Schon früher hatten sie sich Feldherren und Söldneraufgebote aus Griechenland herbeigerufen, und zwar normalerweise aus ihrer Mutterstadt Sparta, die immer noch einen beachtlichen Ruf als Stadt der tapferen Krieger aufzuweisen hatte. Diesmal verfiel man aber auf die Idee, bei Pyrrhos anzufragen, dem König von Epirus – jener Landschaft im Nordwesten Griechenlands, die heute einen Teil Albaniens umfaßt. Pyrrhos mischte gerade in den Prätendentenkämpfen um das Erbe des großen Alexanders kräftig mit, doch sah er das Angebot Tarents als eine Chance, sich in einer vermeintlich weniger umkämpften Region in Italien ein neues Königreich zu erobern, und so sagte er gerne zu.

Wie man hier sieht, nahmen die Römer, wenn sie mit griechischen Städten in Konflikt gerieten, ein zusätzliches Risiko auf sich, denn die Griechen verfügten über weitläufige Verbindungen. Der Siegeszug der Römer in Italien hatte auch damit zu tun, daß die italischen Stämme den Römern weitgehend isoliert gegenüberstanden, und schon das Eingreifen der oberitalischen Kelten in den 290er Jahren hatte die Römer in erhebliche Schwierigkeiten gebracht. Griechische Städte hatten dagegen Kontakte in alle Gegenden, in denen Griechen siedelten, und sie waren daher in der Lage, auch außeritalische Unterstützung zu mobilisieren. Die Tarentiner hatten bereits zwischen 334 und 331 im Kampf gegen italische Stämme von der Hilfe Alexanders von Epirus profitiert und 303 in ähnlicher Lage Spartaner gerufen. Agathokles, der Herrscher von Syrakus, war nur durch seinen Tod 289 daran gehindert worden, sein Reich in Kalabrien dauerhafter auszubauen. Jetzt betrat mit Pyrrhos noch einmal ein ganz anderes Kaliber die Szene. Auf einmal sahen sich die Römer mit einem Feldherrn konfrontiert, der das Kriegshandwerk auf dem höchsten Niveau hellenistischer Technik und Taktik betrieb.

Daß sie sich in diesem Kampf am Ende behaupteten, lag wesentlich an der schieren Zahl der Soldaten, die sie ins Feld schicken konnten, und an ihrem geradezu pathologischen Durchhaltevermögen. Zunächst aber hatte es ganz schlecht ausgesehen: 280 war das römische Heer in der Schlacht bei Herakleia unter großen Verlusten für beide Seiten geschlagen worden, und ein Teil der frisch unterworfenen Mächte Süditaliens schloß sich prompt dem Sieger an. Rom suchte den Kontakt, um Gefangene auszutauschen, und Pyrrhos nutzte die Gelegenheit, um weiterführende Verhandlungen aufzunehmen. Sein Abgesandter verlangte im römischen Senat die Unabhängigkeit Unteritaliens unter Herausgabe des annektierten Territoriums, also letztlich die Aufgabe der römischen Position im Süden. Es wird uns berichtet, daß ein Teil der Senatoren dazu neigte, sich schweren Herzens auf diese Forderungen einzulassen, als sich der greise, mittlerweile erblindete Appius Claudius mit dem Beinamen Caecus (der Blinde) in den Senat schleppte und das Wort ergriff. Mit einem solchen Vertrag werde das Heil der *res publica* aufs Spiel gesetzt, man tue besser daran, den kecken Gesandten vor die Tür zu setzen und Pyrrhos mitzuteilen, er solle nach Hause zurückkehren; von da aus könne er ja dann Gesandte zu Friedensverhandlungen schicken. Die Stimmung des Hauses kippte. Man beschloß, die Verhandlungen abzubrechen und gegen Pyrrhos Krieg zu führen, bis er sich aus Italien wieder zurückziehen würde.

Doch der Krieg lief weiter schlecht für die Römer. Bei Ausculum kam es 279 wieder zu einer großen Schlacht, in der sie unter erheblichen Verlusten eine weitere Niederlage einstecken mußten. Aber auch Pyrrhos hatte wieder eine Menge Soldaten verloren, was ihn, dessen Potential erheblich geringer war als das der Römer, besonders hart traf. So ist es verständlich, daß er es vorzog, einem Hilfegesuch sizilischer Griechen zu folgen und sie gegen die Karthager zu unterstützen, in der Hoffnung, sich dort leichter einen Herrschaftssprengel erkämpfen zu können. Als sich die sizilischen Griechen gegen sein hartes Militärregime auflehnten, kehrte er im Herbst 276 noch einmal nach Unteritalien zurück, wo die Römer seine Abwesenheit inzwischen zur Wiederaufrichtung und Ausweitung ihrer Machtstellung genutzt hatten. 275 aber unterlag Pyrrhos in der Schlacht von Maleventum gegen die Römer und entschloß sich daher, mit dem verbliebenen Heer nach Epirus zurückzukehren. Rom konnte jetzt in Ruhe die Früchte des Sieges ernten und bis ca. 267 ganz Süditalien unter seine Kontrolle bringen.

Vielleicht war es der Pyrrhos-Krieg, der jene Verhaltensmuster, die im weiteren Verlauf der Geschichte als «spezifisch römisch» erschienen, erst so richtig einprägte. Unsere Überlieferung berichtet uns recht einhellig von der mehrmaligen Bereitschaft der Römer, in Verhandlungen über einen Kompromißfrieden mit Pyrrhos einzutreten, ja sie sollen sogar kurzzeitig zum Rückzug aus Unteritalien bereit gewesen sein. Das gab es später nicht mehr, obwohl die militärische Krise, wie wir noch sehen werden, viel gravierender war. Die schlichte Weigerung, militärische Niederlagen als solche anzuerkennen und ein leidlich günstiges Arrangement mit dem Sieger zu suchen, grub sich möglicherweise erst mit den Erfahrungen des Pyrrhos-Krieges in die Denk- und Wahrnehmungsschemata der römischen Oberschichten ein. Gegen Pyrrhos hatte es sich am Ende als vorteilhaft erwiesen, daß man sich auf nichts eingelassen hatte. Die Verfechter des sturen Durchhaltens um Appius Claudius Caecus schienen den richtigen Weg gefunden zu haben. In der Folgezeit waren die Römer in Kriegszeiten nicht einmal mehr bereit, Gesandtschaften auszusenden, die über den Austausch oder den Freikauf von Gefangenen verhandelten. Es gab keine Rituale zur Ehrung von Gefallenen, ja die Trauer der Familien wurde gegebenenfalls zeitlich begrenzt. Man war auch anders als die Griechen nicht willens, zur Bergung der Toten vom Schlachtfeld einen Waffenstillstand abzuschließen. Für Römer galt, daß sie gefälligst zu siegen hatten, und alles andere wurde verdrängt.

Mit dem Sieg über Pyrrhos und Tarent und der Niederwerfung der in der antirömischen Koalition kämpfenden Lukaner und Bruttier aus Südwestitalien hatte Rom tatsächlich den gesamten italischen Stiefel ab der Linie Pisa-Rimini in seine Gewalt gebracht. Daß es dabei nicht blieb, lag wesentlich auch in der Natur des römischen Kriegerstaates begründet, der sich mittlerweile voll ausgebildet hatte. Seit der Zulassung der Plebeier zum Oberamt und der Einführung des doppelstelligen Konsulats 367/6 war der Wettbewerb um die Führungspositionen härter geworden. Zunächst versuchten die Patricier, ihren einst rechtlich garantierten Vorrang wenigstens faktisch zu wahren, und dabei waren sie sehr erfolgreich. Noch lange hatten die Angehörigen der großen patricischen Geschlechter kaum Schwierigkeiten, das Konsulat zu erlangen. Dagegen war die Konkurrenz unter den Plebeiern massiv und wurde noch dadurch verschärft, daß einmal erfolgreiche Plebeier immer wieder das Konsulat bekleideten. Nunmehr wurde dieses Amt gleichsam zur Eintrittskarte für den inneren Zirkel der Macht in Rom. Die Kriege wurden immer langwieriger, die Siege immer spektakulärer, und das Heereskommando war die Aufgabe der Kon-

suln und des einen Praetors, der mit den Konsuln noch auf der-
selben Rangstufe stand. Wer also eine Chance haben wollte,
Ruhm, Ehre und Beute in großem Ausmaß zu erwerben und die
daran geknüpfte Anerkennung zu genießen, der mußte Konsul
werden, und es war klar, daß das Wort der ehemaligen Konsuln
im Senat mehr Gewicht hatte als das anderer Senatoren.

Die steigende Attraktivität des Konsulats und die angewachsene Konkurrenz hatten zur Folge, daß sich die Zugangskrite-
rien schärfer ausbildeten. Rechtlich blieb alles beim alten. Der
Ständeausgleich hatte die Ämter ja gerade für alle geöffnet,
da war es natürlich undenkbar, formal wieder irgend jemanden
auszuschließen. Und gewählt wurden die Konsuln in einer
Volksversammlung von den anwesenden Bürgern. Daß diese
Bürger – wie in jedem politischen System – die Besten wählen
wollten und sollten, half nicht weiter, denn Exzellenz nahmen ja
alle Bewerber für sich in Anspruch. Wie sollte man sich also entscheiden? Die Römer setzten hier logischerweise ihre Patronageverhältnisse ein, und zwar in der Weise, daß ein Kandidat seine
Clienten mobilisierte. Aber nicht alle wählenden Bürger waren
durch solche Verbindungen festgelegt, für wen sollten sie stim-
men? Hier scheint sich schon frühzeitig ein aristokratisches
Entscheidungskriterium etabliert zu haben, indem man sich
nämlich vom Namen des Bewerbers und damit von seiner Familientradition leiten ließ. Wenn man einen Amtsbewerber sah,
der aus einer berühmten Familie kam und dessen erfolgreichen
Vater man gekannt hatte, dann gab man dem Sohn seine
Stimme. Dahinter stand die Vermutung, daß sich Leistungs-
fähigkeit und Fortune mit einer gewissen Wahrscheinlichkeit
vererben – eine Vorstellung, die ja auch heute noch eine gewisse, wenn auch zumeist uneingestandene Popularität besitzt.
In Rom bildete sich auf diese Weise die Nobilität heraus, der
Club der Erfolgreichen, die den Erfolg vererbten. Zugang ver-
schaffte man sich über das Konsulat, und die folgenden Generationen gehörten durch die Konsulate der Vorfahren ebenfalls
dazu, wobei die Leuchtkraft des Familiennamens und die Wirkung auf die Wähler mit der Zeit nachließen, wenn der Ruhm
nicht durch die Erfolge der Nachfahren aufgefrischt wurde.

Wichtig ist, daß die *nobiles*, wie sie die Römer nannten, also die Vornehmen als Crème der Gesellschaft, stets eine *soziale* Kategorie blieben, daß es also nie eine *rechtliche* Schranke gab, die einen freien und reichen – schließlich waren alle Funktionen ehrenamtlich – Römer daran hinderten, sich um Wahlämter zu bewerben. Doch wie wir wissen, sind soziale Abschließungsformen nicht unbedingt weniger wirksam als juristische. In Rom konnten sich aber immer wieder auch Aufsteiger durchsetzen – in den einzelnen Perioden in unterschiedlichem Ausmaß und ohne daß dies die grundsätzlichen Startvorteile der *nobiles* vermindert hätte.

Am meisten Ruhm und auch Vermögenswerte waren im Krieg zu erlangen. Hier konnte man sich im wahrsten Sinne des Wortes einen Namen machen, der eine Wiederwahl ermöglichte, und Beute gewinnen, aus der man Tempelbauten oder ähnliche langlebige Leistungen für die Gemeinschaft finanzierte, die sichtbar den eigenen Tod überdauerten. Im 3. Jh. begann der massive Ausbau der Stadt mit Siegesmonumenten und aus der Kriegsbeute bezahlten öffentlichen Bauten, durch die sich erfolgreiche Feldherren Denkmäler setzten. Wenn solche Praktiken erst einmal etabliert sind und ihre Wirkung zeigen, dann gibt es kein Halten mehr. Die Nachfolger wollen ihre Vorfahren übertreffen, der aristokratische Wettbewerbsgeist ist angestachelt und strebt nach weiteren Großtaten, und wenn der Krieg die höchste Bewährung und den meisten Gewinn zu bieten hat, dann kann man sich nicht plötzlich zufriedengeben und eine zurückhaltende Friedenspolitik betreiben.

Daher ist es auch nicht erstaunlich, daß die Römer 264 v. Chr. das Hilfegesuch der Mamertiner akzeptierten und in Messana – dem modernen Messina im Osten Siziliens gegenüber der italischen Stiefelspitze – in die schon laufenden Kämpfe eingriffen. Die Mamertiner waren Söldner italischer Herkunft, die bei Agathokles von Syrakus auf der Lohnliste gestanden hatten und durch seinen Tod 289 plötzlich arbeitslos geworden waren. Sie hatten sich daraufhin selbständig gemacht und erfolgreich Messana überfallen, die männliche Bevölkerung weitgehend vertrieben oder gar getötet und die Frauen geheiratet. Doch nicht nur deshalb waren sie den griechischen Nachbarn ein Dorn im Auge, sondern auch wegen ihrer Neigung, lieber vom Raub als von der Landwirtschaft zu leben. Als in Syrakus Hieron II. an die Macht gekommen war, wollte er dem Treiben der Mamertiner ein Ende machen und zog gegen Messana. Tatsächlich siegte er in einer Schlacht und belagerte die Mamertiner in Messana, so daß sie sich eilig nach Hilfe umsahen.

Die romfreundliche Überlieferung beschönigt das durchaus unappetitliche Verhalten der Römer nach allen Regeln der Propagandakunst: Der Senat als das Gremium der Verständigen und Gebildeten, die sich selbstredend an den Normen des Rechts und der Moral orientieren, wird entlastet; er will sich trotz aller Sicherheitserwägungen zum Einmarsch in Sizilien nicht recht entschließen. Erst die Versammlung des ungehobelten Volkes akzeptiert in ihrer ungehemmten Beutegier das Hilfegesuch. Auch wissen die Römer – dieser Darstellungsweise zufolge – nichts davon, daß die Karthager bereits eine Besatzung nach Messana gelegt haben, weil die Mamertiner sie entweder gleichzeitig oder schon früher zu Hilfe gerufen hatten. In der modernen Forschung ist man zum Teil noch weitergegangen in dem Bemühen, den Römern eine Art von defensivem Imperialismus zu attestieren, in dem ihre Expansion das Nebenprodukt eines starken Sicherheitsstrebens ist. Im konkreten Fall hat man viele Argumente zusammengetragen, weshalb den Römern bei ihren Beratungen 264 nur ein Konflikt mit Syrakus, keineswegs aber ein Krieg mit Karthago vor Augen stand, von dem sie dann völlig überrascht worden seien. All das ist letztlich nicht überzeugend. Der eine Konsul von 264, Appius Claudius Caudex, witterte einfach eine Chance, einen großen Fischzug zu machen und sich Siegeslorbeeren anzuheften. Selbstverständlich entschied er sich für den Krieg, und jeder andere Konsul hätte an seiner Stelle genauso gehandelt. Die amtlosen Senatoren waren sicher etwas besonnener, da sie keinen persönlichen Gewinn erwarten konnten, aber die Chance, in Sizilien Fuß zu fassen, war überaus verlockend. Auch wenn der Vertrag mit Karthago, in dem die Römer Sizilien als karthagisches Einflußgebiet anerkannten, wirklich nur eine feindselige Erfindung gewesen sein sollte, wie die prorömische Geschichtsschreibung behauptet, so hatten die Römer doch unbestreitbar eine Reihe von Verträgen mit den Karthagern geschlossen, in denen es immer wieder um die gegenseitige Garantie von Einflußgebieten gegangen war; und es ist in keiner Weise vorstellbar, daß den römischen Senatoren nicht klar war, daß ihr Übergriff auf Sizilien den Karthagern nicht gefallen würde und daher beachtliche Risiken in sich barg. Die ahnungslos in einen Großkrieg hineinschliddernden Römer sind eine Chimäre.

Als man daher 264 Messana übernahm, trat man in einen Krieg mit Syrakus ein und kämpfte auch von Anfang an gegen die Karthager, die mit den alten Feinden aus Syrakus überraschend schnell zu einem Bündnis gekommen waren. Doch bekanntlich wirkt nichts so verbindend wie ein gemeinsamer Feind. Dem energischen Vorstoß der Römer bis vor die Tore von Syrakus 263 hatte allerdings Hieron nicht viel entgegenzusetzen, und da seine Allianz mit Karthago nicht richtig funktionierte, zeigte er politischen Realitätssinn und machte seinen Frieden mit den Römern, denen er als treuer Alliierter eine wesentliche Stütze in den Wechselfällen des Krieges wurde.

Der von 264 bis 241 dauernde Krieg zwischen Rom und Karthago firmiert in der Geschichte als «1. Punischer Krieg» – punisch deshalb, weil die Karthager auch als Punier bezeichnet werden. Dies war der längste Krieg, den die Römer bisher führen mußten, ohne daß es zwischenzeitlich Erholungspausen gegeben hätte, auch wenn nicht immer mit gleicher Intensität gekämpft wurde. Die Römer hatten es nun zum ersten Mal mit einer wirklichen Großmacht des Mittelmeerraums zu tun, und die Karthager, die zu ihrem erweiterten Stammland in Nordafrika von Libyen bis Marokko, auf Sizilien, Sardinien, Korsika und den Balearen, darüber hinaus in Spanien über Stützpunkte verfügten, besaßen nicht nur wie die Römer beachtliche Landstreitkräfte, sondern auch eine starke Flotte. Die Karthager waren nicht bereit, sich mit der schnellen Übernahme des sizilischen Ostens durch die Römer abzufinden, und rüsteten energischer. Doch den römischen Vorstößen ins Innere Sizilien hatten sie zu Lande wenig entgegenzusetzen. Allerdings wurde den Römern bald klar, daß sie den Karthagern die Operationsfreiheit zur See nehmen mußten, wenn sie ihre Erfolge im Landkrieg auf Dauer stellen wollten.

Kriegsschiffe waren nichts völlig Neues für die Römer, aber größere Seekämpfe hatte man bisher noch nicht geführt. Jetzt wurde zum ersten Mal eine große Kriegsflotte gebaut, mit tatkräftiger Unterstützung der unteritalischen Griechenstädte. Nach einem ersten Rückschlag gelang es 260 dem Konsul Gaius Duilius tatsächlich, bei Kap Mylai (an der Nordküste Siziliens) gegen die Karthager einen großen Seesieg zu erringen – wesentlich deshalb, weil man den eigentlichen Schiffskampf mit schnellen Wendemanövern, Rammen und Versenken der gegnerischen Schiffe zum Teil suspendiert hatte, indem man durch die Erfindung der Enterbrücke die Schiffe nebeneinander festgehalten und das Gefecht der Decksoldaten Mann gegen Mann ins Zentrum gerückt hatte. Die Überlegenheit der karthagischen Seeleute ließ sich so nicht zur Geltung bringen, die Schlacht wurde durch die Kampfkraft römischer Soldaten entschieden. Die Taktik des Landkriegs war auf die hohe See transferiert worden.

So spektakulär dieser Sieg der Römer war, den Krieg beendete er nicht. Die Karthager hielten souverän ihre traditionellen Stützpunkte an der Westküste Siziliens und gewannen sogar weitere Landstriche zurück, die römischen Flotten erlitten Rückschläge und Verluste, teils im Kampf, mehr aber noch auf rauher See. Doch wie es römische Art geworden war, suchte man kein Arrangement, sondern erhöhte statt dessen die Anstrengungen. 256 trugen die Römer den Krieg nach Nordafrika und erzielten auch beachtliche Erfolge, die bei den Karthagern die Bereitschaft zum Friedensschluß weckten. Doch der kommandierende Konsul Marcus Atilius Regulus verspielte die Chance durch unannehmbare Bedingungen; in den darauffolgenden Kämpfen geriet er in einen Hinterhalt und wurde mit samt seinem Heer gefangengesetzt.

Der Krieg konzentrierte sich danach wieder auf Sizilien, wo die Karthager unter dem Kommando des Hamilkar Barkas, des Vaters von Hannibal, sehr geschickt die großen Schlachten vermieden und einen Stellungskrieg führten. Auch zur See setzten die Karthager jetzt eher auf Überfälle als auf große Gefechte, versorgten problemlos ihre Landstützpunkte und machten auch die italische Küste unsicher. Ende der 240er Jahre unternahmen die Römer daher eine letzte Anstrengung, noch einmal eine große Flotte zu bauen und auszurüsten, wozu sie auf private Mittel zurückgreifen mußten. In der hart umkämpften Seeschlacht bei den Ägatischen Inseln im Westen Siziliens im Jahre 241 trug der Konsul Quintus Lutatius Catulus tatsächlich den Sieg davon, und die erschöpften Karthager mußten sich von den genauso erschöpften Römern harte Friedenbedingungen diktieren lassen. Sizilien und die kleineren Inseln in der Umgebung waren zu räumen, die Kriegsentschädigung, die der Verlierer üblicherweise an den Sieger zu zahlen hatte, war enorm: 3000 Silbertalente waren in zehn Jahren abzuzahlen, d. h., pro Jahr mußten ca. 7800 kg Silber von Karthago nach Rom geliefert werden, mit denen man – nach den gestiegenen Tarifen späterer Tage – mindestens 6000 Arbeiter ganzjährig hätte bezahlen können.

In Karthago hatte man aber noch andere Sorgen, denn gleich nach der Niederlage brach in Nordafrika und auf der teilweise karthagisch kontrollierten Insel Sardinien ein Söldneraufstand aus, den die Karthager nur unter Aufbietung der letzten Kräfte niederwerfen konnten. Die Römer nutzten diese zusätzliche Schwächung 237 zur Annektion Sardiniens und Korsikas, für die es keine seriöse Rechtfertigung gab.

Nach Beendigung des 1. Punischen Krieges war Rom die dominierende Macht im westlichen Mittelmeerraum geworden. Aber das war natürlich kein Grund, sich von weiteren militärischen Unternehmungen fernzuhalten, schon weil die jetzigen Angehörigen der Führungsschicht genauso ehrgeizig waren wie ihre Väter. Hauptkriegsschauplätze waren in den folgenden Jahrzehnten das überwiegend keltisch besiedelte Oberitalien, wo die Römer ihre Kontrollzonen ausbauten, und die dalmatinische Küste der östlichen Adria, wo von 229 bis 228 der sogenannte 1. Illyrische Krieg gegen die Seeräuberfürsten der Gegend zu führen war und 219 der 2. Illyrische Krieg, als man die dort installierte provisorische Ordnung erneut zu stabilisieren versuchte. Während es in Norditalien um römische Sicherheits- und

Herrschaftsinteressen ging und die Kriege entsprechend energisch geführt wurden, unterdrückten die Römer bei ihrem ersten Eingreifen im Osten jenseits der Adria die Unruhen eher beiläufig, weil die Bewohner Italiens von den Piraten in gewissem Umfang geschädigt wurden. Roms neuer Status als Ordnungsmacht auch jenseits der Grenzen Italiens wird allerdings an den Illyrischen Kriegen erkennbar.

Nach dem Ende des 1. Punischen Krieges schoben die Römer noch einige Jahre ein Problem vor sich her, ehe sie es einer dauerhaften Lösung zuführten: die Organisation der gewonnenen Territorien – also zunächst Siziliens mit Ausnahme des Königreichs Syrakus, wenige Jahre später auch Sardiniens und Korsikas. Bei der Expansion in Italien hatte sich das Muster herausgebildet, daß die Römer zwar Kriegsentschädigungen kassierten und auch Teilgebiete annektierten, daß sie aber zumeist die besiegten Gemeinwesen als solche bestehen ließen und sie in einem Bundesgenossenvertrag verpflichteten, den Römern künftig Heeresfolge zu leisten. Bei der römischen Praxis, jährlich in den Krieg zu ziehen, war das natürlich eine Belastung, aber diese Lebensweise unterschied sich nicht allzu sehr von dem, was in den italischen Staaten auch sonst üblich war. Hinzu kam, daß sich die Römer in die inneren Verhältnisse ihrer Bundesgenossen nicht einmischten und auch keine Tribute verlangten. Als Messana 264 von den Römern besetzt und von der Belagerung befreit worden war, gliederte man es auch recht selbstverständlich in den Kreis der Bundesgenossen ein. Doch dabei blieb es. Die weiteren Städte Siziliens wurden nicht in ein analoges Bundesgenossenverhältnis aufgenommen, sondern wurden Teil einer territorialen Provinz. 227 gründete man mit Sizilien einerseits und mit Sardinien und Korsika andererseits zum ersten Mal zwei dauerhafte Provinzen, in die man jährlich jeweils einen Praetor als Statthalter entsandte.

Mit dem lateinischen Ausdruck *provincia* wird ursprünglich jede Art von Aufgabenbereich eines römischen Magistrats bezeichnet – dazu gehörte auch die Verantwortung für die öffentliche Kasse in Rom, wie sie ein Quaestor besaß, oder der Krieg gegen die Ligurer, wie er einem Konsul übertragen werden konnte. Erst jetzt gewann der Terminus eine stärker territoriale Bedeutung, die in unserem heutigen Wort «Provinz» dominant geworden ist. Eine römische Provinz war ein Territorium unter einem römischen Statthalter, das in gewachsene Lokalstaaten untergliedert war, die jährlich Tribute an die Römer zu entrichten hatten. Die Verpflichtung zur Heeresfolge blieb auch für die Provinzbewohner im Prinzip bestehen, wurde aber nur in Ausnahmefällen abgefordert.

Hinsichtlich der langfristigen und dauerhaften Gewinne seiner Expansion orientierte sich Rom damit radikal neu. Hatte man früher von den Siegen vor allem in Form von Hilfstruppen und damit unmittelbarer militärischer Verstärkung profitiert, so erzielte man von nun an in erster Linie finanzielle Zuwächse. Wie kam es dazu? Waren die Römer nun nur noch von Geldgier getrieben?

Das war es sicher nicht, vielmehr gab es durchaus vernünftige Gründe für diesen Kurswechsel. Zum einen brauchte man wohl tatsächlich keine Vermehrung bundesgenössischer Aufgebote mehr, zum anderen aber – und weitaus wichtiger – mußte man auf die kostentreibende Neuerung der Seekriegsführung reagieren. Während Landkriege für antike Gemeinwesen verhältnismäßig billig waren, weil man dem Bürgersoldaten nur eine Aufwandsentschädigung zahlen mußte, er aber sogar seine Ausrüstung selbst finanzierte, waren Seekriege sehr teuer, weil man gewaltige Summen in den Flottenbau investieren mußte, und das immer wieder, da die Schiffe die fatale Neigung hatten, unterzugehen oder schnell zu verschleißen. Der 1. Punische Krieg mit seinen vielen Seegefechten hatte das römische Gemeinwesen finanziell ruiniert; die letzte Flotte hatten die Römer bereits nicht mehr aus der Staatskasse bezahlen können, sondern die Mittel dafür den leidlich Vermögenden abringen müssen. Jeder konnte sehen, daß die öffentliche Kasse angesichts der neuen militärischen Erfordernisse in Zukunft einen erhöhten Geldbedarf haben würde, und so veränderten die Römer flexibel ihr System, um sich zusätzliche Einkünfte zu verschaffen.

Die Karthager kamen nach dem Überlebenskampf gegen die Söldner und nach der Wiederherstellung ihrer Führungsposition im Westen Nordafrikas wirtschaftlich recht bald wieder auf die Beine. Machtpolitisch dagegen mußten sie sich neu orientieren. Sizilien war ihnen verschlossen, ebenso Sardinien und Korsika. Da besaß es eine gewisse Logik, daß die Stützpunkte in Spanien fortan eine größere Bedeutung gewannen, und Karthago ging bald daran, hier ein neues Herrschaftsgebiet aufzubauen.

Der karthagische Feldherr, der den Machtausbau in Spanien betrieb, war Hamilkar Barkas. Da ihm sein Schwiegersohn Hasdrubal und danach sein Sohn Hannibal in der Kommandoposition nachfolgten, wirken die karthagischen Aktivitäten in Spanien fast wie ein Familienunternehmen. Aber wie immer die neue Expansion im einzelnen organisiert war, es ist nicht zu bezweifeln, daß es sich insgesamt um Aktionen mit Billigung des karthagischen Staatswesens handelte, selbst wenn die Truppenführer aus der Barkidenfamilie vor Ort offenbar weitgehende Handlungsfreiheit genossen.

Die Erfolge der Barkiden in Spanien, die sie mit einer geschickten Mischung aus Diplomatie und militärischem Zwang erzielten, waren so eindrucksvoll, daß die Römer aufmerksam wurden. 226 sollen sie dem damaligen Feldherrn Hasdrubal ein Abkommen aufgedrängt haben, das die Einflußzone der Karthager im Norden mit dem Ebro begrenzte. Die Historizität dieses sogenannten Ebrovertrages ist neuerdings grundsätzlich bestritten worden; schon häufiger bemühte man sich um den Nachweis, daß mit dem Ebro nicht der Ebro gemeint ist, sondern ein kleinerer Fluß weiter im Süden. All diese gelehrten Untersuchungen stehen im Zusammenhang mit der Frage, wer denn nun eigentlich die Schuld am Ausbruch des 2. Punischen Krieges trägt. Da sich schon die römischen Autoren intensiv mit dieser Problematik beschäftigten und die Verantwortung natürlich der Gegenseite aufbürden wollten, sind ihre Berichte so stark von ihren Wirkungsabsichten deformiert, daß nicht einmal die Abfolge der Ereignisse klar erkennbar ist.

Sicher ist immerhin, daß die Römer beunruhigt waren über die karthagische Expansion. Die Stadt Sagunt, die an der spanischen Küste lag, stand in einem Freundschaftsverhältnis zu den Römern, und als die Saguntiner in Konflikt mit den Kartha-

gern gerieten, riefen sie die Römer um Hilfe an, die bei Hannibal, der seit 221 die karthagischen Unternehmungen in Spanien leitete, zugunsten ihrer Freunde intervenierten. Hannibal
ließ sich nicht beeindrucken, verwies auf die Bestimmungen der
Verträge, die keine römischen Sonderzonen südlich des Ebro
kannten, und begann mit der Belagerung von Sagunt. Nach acht-
monatiger Belagerung wurde Sagunt eingenommen, ohne daß
die Römer für die Rettung ihrer Freunde einen Finger krumm
gemacht hätten. Ihre Beanspruchung durch die Kriege gegen
die Kelten und Illyrer liefert eine eher notdürftige Erklärung für
ihre Lethargie, aus der sie erst erwachten, als für Sagunt alles
zu spät war. Dann aber verlangten römische Gesandte in Karthago die Auslieferung Hannibals, worauf sich die dortigen
Behörden natürlich nicht einließen. Rom reagierte mit einer
Kriegserklärung.

Was nun geschah, erwies sich als eine böse Überraschung für
die Römer und bescherte ihnen die schwerste Krise ihrer Macht,
die sie je durchzustehen hatten. Hannibal wartete nämlich nicht
geduldig auf das Eintreffen des römischen Heeres, das für den
Krieg in Spanien aufgestellt wurde, sondern zog nach Italien,
um den Krieg im Land des Feindes zu führen. Der Versuch der
Römer, Hannibal mit ihrer eilig per Schiff ausgesandten Spa-
nienarmee an der Rhone abzufangen, scheiterte – Hannibal war
bereits durchgezogen. Nach der abenteuerlichen und verlustrei-
chen Alpenüberquerung traf er Ende des Jahres 218 mit seinem
leicht dezimierten Heer in Norditalien ein.

Auch wenn die Römer nun ihre Pläne ändern und die in Sizilien für die Invasion Nordafrikas bereitgestellte Armee in den
Norden Italiens verlegen mußten, wurde ihnen offenkundig erst
allmählich klar, mit wem sie es da zu tun bekamen. Ein erster
Rückschlag in einem Reiterscharmützel an dem Flüßchen Tici-
nus dürfte trotz der Verwundung des kommandierenden Konsuls
noch niemanden alarmiert haben. Dagegen war die Niederlage
an der Trebia schon beunruhigender und gab Anlaß zu vermehrten Rüstungsanstrengungen. Als dann aber im Sommer 217 das
große Heer des Konsuls Gaius Flaminius in der Schlacht am Trasimenischen See schwer geschlagen wurde und etwa 15 000 Tote

zu beklagen waren, wußte man, daß man in ernsten Schwierigkeiten steckte. Dabei waren es nicht so sehr die schiere Menge
oder Kampfkraft der Soldaten, die Hannibal ins Feld führte, als
vielmehr seine brillanten taktischen Einfälle, denen die Römer
nichts entgegenzusetzen hatten.

Für das nächste Treffen im Sommer 216 hatten die Römer
dann eine riesige Armee zusammengezogen und zeigten damit
eindrucksvoll, daß sie hinsichtlich ihres Militärpotentials alle
anderen Mittelmeermächte weit hinter sich gelassen hatten.
Die Schlacht fand bei Cannae in Apulien statt, denn Hannibal war nach Süditalien gezogen, um dort die noch nicht so lange
unterworfenen Bundesgenossen zum Abfall von Rom zu bewegen. Hannibal verfügte über ca. 40 000 Mann Infanterie und
10 000 Reiter, die Römer sollen etwa 80 000 Mann ins Feld gestellt haben. Es war eine der größten Schlachten der Antike,
und Hannibal schaffte es durch geschickte Manöver, die Römer zu umfassen und größtenteils aufzureiben. Hinsichtlich der
Zahl der römischen Gefallenen weichen die verschiedenen Quellen voneinander ab. Es könnten aber ca. 50 000 gewesen sein,
während die Karthager etwa 6000 Tote zu beklagen hatten. Ca.
10 000 römische Soldaten gerieten in Gefangenschaft. Unter den
Gefallenen befanden sich 80 Senatoren, was bei einer Gesamt-
zahl von höchstens 300 auch für die politische Elite einen dramatischen Aderlaß dokumentiert.

Nach der Niederlage befestigte man Rom notdürftig und rief
sogar die Alten zum Wachdienst – doch Hannibal wartete ab. Er
zog nicht auf Rom. Man hat darin gelegentlich einen kriegsent-
scheidenden Fehler gesehen, doch wurde gegen diese Kritik in
Anschlag gebracht, daß er nicht über die nötige Logistik für eine
Belagerung verfügte, daß es ihm an Vorräten und Belagerungs-
gerät mangelte, auch daß die Römer trotz alledem nicht so von
Truppen entblößt waren, daß er sich risikolos hätte bewegen
können, und schließlich, daß er nicht durch einen Rückschlag
den grandiosen Prestigeerfolg von Cannae habe zunichte machen
wollen, von dem er sich die Sprengung des römischen Bundesgenossensystems erhoffte. An all dem mag etwas Richtiges sein,
aber dennoch scheint mir Hannibal in dieser Situation die falsche

Option gewählt zu haben. Nun ist so etwas für den Historiker immer leicht zu sagen, der das Ende der Entwicklung kennt und daher beckmesserisch die Entscheidungen der handelnden Persönlichkeiten kritisieren kann. Doch war man auch bereits in der Antike zum Teil der Ansicht, daß Hannibal damals eine Gelegenheit, Rom nachhaltig in die Schranken zu weisen, ausgelassen hatte. Nach einer ebenso berühmten wie unhistorischen Anekdote soll sein Unterfeldherr Maherbal ihn bestürmt haben, ihn mit der Reiterei gegen Rom zu schicken. «Heute in fünf Tagen wirst Du auf dem Capitol speisen». Hannibal ging nicht darauf ein.

Daß Hannibal erst einmal abwartete, dürfte wesentlich daran gelegen haben, daß er immer noch glaubte, die Römer würden auf Niederlagen wie ein normales antikes Gemeinwesen reagieren. Jede andere Macht hätte jetzt Gesandte geschickt, ein Angebot zur Auslösung der Gefangenen unterbreitet, sich nach Friedensbedingungen erkundigt und eine erhebliche Minderung des eigenen Territoriums und Herrschaftsbereichs akzeptiert – nicht aber die Römer. In Rom schränkte man die Trauer ein, ernannte einen Dictator und mobilisierte die letzten Kräfte, also auch Alte und vermögenslose Proletarier, die dem traditionellen antiken Prinzip der Selbstausrüstung des Bürgersoldaten zufolge eigentlich nicht dienstpflichtig oder besser: nicht «wehrwürdig» waren. Die Römer demonstrierten finstere Entschlossenheit, den Kampf weiterzuführen, schlimmstenfalls bis zum sprichwörtlichen letzten Blutstropfen.

Am Ende siegten sie tatsächlich und bewiesen damit einmal mehr, daß sie zwar Schlachten verloren, aber keine Kriege. Es gibt dafür eine Reihe von Gründen. Ein wichtiger Punkt war die Entscheidung, einen Teil der Armee, die Hannibal 218 an der Rhone verpaßt hatte, nicht zum Schutze Italiens zurückzubeordern, sondern, wie ursprünglich geplant, nach Spanien zu schicken. Dort erlitten die Römer zwar auch Niederlagen und verheerende Rückschläge, aber zwischen 210 und 206 gelang es dem jungen Publius Cornelius Scipio, die Karthager in Spanien immer mehr zurückzudrängen und am Ende ganz zu vertreiben. Damit verlor Hannibal nach und nach seine wichtigste

Nachschubbasis. Wesentlich war auch, daß die Römer nach Cannae reumütig zu der Strategie zurückkehrten, die der erfahrene Kommandeur Quintus Fabius Maximus schon vorher angewandt und die ihm den Beinamen *Cunctator*, also *der Zauderer*, eingebracht hatte: Man vermied es, gegen Hannibal Schlachten zu schlagen, und bemühte sich statt dessen, ihn durch geschickte Manöver in seinem Bewegungsspielraum einzuzengen und kleinere Abteilungen und Besatzungen des karthagischen Heeres in Abwesenheit der Hauptmacht zu besiegen. Auf diese Weise konnte Rom viele Städte und Landstriche wiedergewinnen, die unter die Kontrolle Hannibals geraten waren. Nicht zuletzt deshalb scheiterte Hannibals Ansatz, die Römer durch Auflösung ihrer Hegemonie über die Bundesgenossen entscheidend zu schwächen. Zwar fielen nach Cannae viele Bundesgenossen in Süditalien von den Römern ab, und auch die Kelten in Norditalien hatten sich großteils mit den Karthagern zusammengetan, aber einige standen auch treu zu Rom, und vor allem die latinischen Kolonien blieben fest auf römischer Seite. Vielleicht war den Karthagern der merkwürdige Charakter dieser latinischen Kolonien gar nicht klar, die ja als neue Siedlungen überwiegend von römischen Bürgern begründet worden waren, dann aber den Status von selbstverwalteten Städten mit eigenem Stadtbürgerrecht erhalten hatten. Sie stellten den Römern auf Anforderung Truppen unter eigenen Kommandeuren und glichen darin den Bundesgenossen, durch ihre Herkunft fühlten sie sich aber Rom besonders eng verbunden. Es ist kein Wunder, daß sich vor einigen Jahrzehnten unterworfene Bundesgenossen eine staatliche Existenz ohne römische Oberhoheit gut vorstellen konnten und sich bei entsprechender Machtlage aus dem römischen Allianzsystem verabschiedeten, daß aber die romstämmigen Bewohner der latinischen Kolonien sich an die von Rom ausgegebene Linie des Durchhaltens und des Widerstands hielten.

Als dann der junge Scipio 204 die Invasion Nordafrikas vorbereitete, um den Krieg endlich in das Kerngebiet des Gegners zu tragen, war Hannibal in Süditalien bereits auf ein verhältnismäßig überschaubares Gebiet reduziert und hatte sich im jahrelangen Abnutzungskrieg festgefahren. Dem Rückruf nach Karthago, das seinen größten Feldherrn und jeden Mann zur Verteidigung der Hauptstadt benötigte, leistete er daher wohl nicht ungern Folge. In der Entscheidungsschlacht bei Zama 202 mußte er allerdings mit unerfahrenen Truppen gegen die kampferprobten Legionen eines Feldherrn antreten, der sehr viel von seinem Gegner gelernt hatte, und so verlor er zum ersten Mal eine Schlacht gegen die Römer. Der strahlende Sieger Scipio legte sich zur Erinnerung an seinen Erfolg den Beinamen *Africanus* zu – der Besieger Afrikas.

Karthago mußte kapitulieren und harte Friedensbedingungen akzeptieren, mit denen sich die Römer für den langen, entbehrungsreichen Krieg rächten und gleichzeitig versuchten, einem denkbaren Wiederaufstieg Karthagos in der Zukunft von vornherein Grenzen zu setzen. Karthago wurde territorial auf sein Kernland in Nordafrika reduziert, durfte außerhalb Afrikas keinen Krieg mehr führen und selbst innerhalb Afrikas lediglich mit römischer Autorisierung. Nur 10 Kriegsschiffe sollte es fortan besitzen und keine Söldner mehr engagieren dürfen. Die Kriegsentschädigung umfaßte diesmal 10 000 Talente. Damit war Karthago als Großmacht von der politischen Landkarte verschwunden.

Das Ergebnis des 2. Punischen Kriegs war die konkurrenzlos beherrschende Stellung der Römer im westlichen Mittelmeerraum. Der Sieg war diesmal besonders hart erkämpft worden. Jahrelang hatte man den Krieg im eigenen Lande führen müssen, weite Regionen lagen verwüstet, und ganz Italien war durch die fürchterlichen Lasten und Entbehrungen der Kriegszeit gezeichnet. Vor diesem Hintergrund war es keineswegs naheliegend, daß die Römer bereits im Jahre 200 in einen neuen Krieg gegen die griechische Großmacht Makedonien nach Griechenland zogen. Aber man hatte mit den Makedonen noch eine Rechnung offen, und die Befriedigung des staatlichen Rachebedürfnisses war allemal wichtiger als das Elend Süditaliens.

V. Von der Großmacht zur Weltmacht: Roms Eroberung des griechischen Ostens

Im Frühjahr 200 berief der Konsul Publius Sulpicius Galba das römische Volk auf das Marsfeld, um über einen Antrag abstimmen zu lassen, der ihm besonders am Herzen lag: die Kriegserklärung an Makedonien. Schon seit dem Jahre 203 hatte sich der Senat wieder mit Beschwerden illyrischer und griechischer Partner über makedonische Übergriffe beschäftigen müssen, und seither waren die Meldungen über rücksichtslose Aktionen und gefährliche Pläne Makedoniens nicht abgerissen. Jetzt wollte der Konsul die nötigen Formalia erledigen, denn die Entscheidung über Krieg und Frieden lag traditionell in den Händen der Volksversammlung. Doch das Volk lehnte ab. Der Konsul und die führenden Senatoren, die den Krieg betrieben, fielen aus allen Wolken.

Um zu begreifen, wie ungeheuerlich das Geschehen war, muß man sich Grundstrukturen der römischen Politik vor Augen führen. Formal war der Senat nur ein Beratungsorgan, und alle wesentlichen Entscheidungen waren den Volksversammlungen vorbehalten, in denen jeder männliche römische Bürger stimmberechtigt war. Doch in den römischen Volksversammlungen konnten keine neuen Anträge gestellt und keine Vorlagen abgeändert werden, und das Volk war stets darauf angewiesen, daß einer der wenigen amtierenden Beamten, die dazu befugt waren, die Versammlung einberief und leitete. Zudem war das Volk bei den Abstimmungen eingeteilt in Stimmkörperschaften, wobei es auch – unterscheidbar nach dem Gliederungsprinzip und den zuständigen Leitern – verschiedene Versammlungstypen gab. Kriegserklärungen wurden von den Centurienversammlungen beschlossen, die in 193 nach Vermögen gegliederte Untereinheiten – eben die *centuriae* – eingeteilt waren und in denen die Bessergestellten eine weit überproportionale Zahl von Stimm-

Centurien besaßen, die logischerweise aber mit erheblich weniger Leuten bestückt waren. Doch nicht nur diese Rahmenbedingungen führten dazu, daß die demokratischen Elemente im römischen Verfassungsleben eher unausgeprägt blieben. Hinzu kam, daß man von seinem Stimmrecht nur Gebrauch machen konnte, wenn man persönlich zur Versammlung erschien, und da um 200 bereits ein großer Teil der Römer recht weit entfernt von Rom lebte, konnten sie faktisch gar nicht mitstimmen, einmal ganz abgesehen von den vielen Hauptstädtern, die für die politischen Rituale nicht mobilisierbar waren.

Aber fast noch bedeutsamer war das eingeführte Spiel der Kommunikation zwischen den Senatoren, die in Versammlungen sprachen, und den anwesenden Bürgern, die zuhörten und reagierten. Die Senatoren betonten die Freiheit und das Letztentscheidungsrecht des Volkes, machten aber ihre überlegene Einsicht deutlich, das Volk akzeptierte die Autorität der führenden Männer und vertraute ihnen. In einem solchen System ist es daher nicht verwunderlich, daß das Volk den vorgelegten Anträgen fast immer zustimmte.

Die Ablehnung des Kriegsantrags im Jahre 200 ist also wirklich bemerkenswert. Daß dahinter Kriegsmüdigkeit steckte, wie sie der Volkstribun Quintus Baebius auch gegen den Antrag ins Feld geführt hatte, ist sicher nicht von der Hand zu weisen. Doch daß es den Befürwortern bald gelang, die Stimmung so zu beeinflussen, daß der Krieg nur wenig später in einer erneuten Abstimmung beschlossen wurde, läßt darauf schließen, daß der Hauptgrund für das Debakel woanders zu suchen ist. Tatsächlich könnte ein Arrangement mit den Gläubigern der *res publica* dahinterstehen, die der Staatskasse während des 2. Punischen Krieges Geld geliehen hatten und nun zunächst auf einer Befriedigung ihrer Ansprüche bestanden, ehe sich Rom auf neue Abenteuer einließ. Als ihre Wünsche erfüllt waren, waltete die Volksversammlung wieder ihres Amtes und nickte die Vorlage ab.

Daß die römische Führungsschicht so sehr darauf erpicht war, kurz nach der Beendigung eines furchtbaren Kriegs, in dem weite Landstriche Italiens verwüstet worden waren, neue militärische Unternehmungen zu beginnen, hat einen Grund in dem

Großmachtgehabe, das die Römer inzwischen voll ausgebildet hatten. Philipp V., der König Makedoniens, hatte nach der Schlacht von Cannae einen Vertrag mit Hannibal geschlossen, um mit ihm gegen Rom zu kooperieren. Die Römer hatten in Griechenland Verbündete gefunden, allen voran den Bundesstaat der Aitoler, um Philipp im Osten zu binden und dem Schreckensszenario einer Invasion in Italien und gemeinsamer Aktionen mit Hannibal entgegenzuwirken. Selbst hatten sie sich an diesem 1. Makedonischen Krieg, der von 215 bis 205 dauerte, in erster Linie mit Flottenverbänden beteiligt. Die Hauptlast des Krieges hatten die Aitoler getragen, die aber 206, da sie sich ziemlich allein gelassen fühlten, mit Philipp einen Sonderfrieden schlossen. Die Römer nahmen ihnen diesen Bruch der Vereinbarungen, die nach antiker Tradition den Partnern der Kriegsallianz das eigenmächtige Arrangement mit dem Gegner untersagten, furchtbar übel, mußten sich aber 205 selbst zum Frieden bequemen. Doch nach ihrem Selbstverständnis konnten der vorzeitige Rückzug der Aitoler aus dem Krieg und das Bündnis Philipps mit ihrem Feind Hannibal nicht ungesühnt bleiben, ohne daß ihr Abschreckungsnimbus Schaden gelitten hätte.

Als dann die griechischen Mittelmächte Rhodos, ein Inselstaat mit starker Seemacht, und Pergamon, ein kleinasiatisches Königreich, alarmierende Nachrichten über Philipps Aktivitäten nach Rom sandten und auch griechische Städte in die Klagen einstimmten, waren die römischen Senatoren begeistert, die nötigen Vorwände für eine Strafexpedition beieinanderzuhaben. Und der Konsul Galba freute sich auf eine solche Gelegenheit, militärische Lorbeeren zu gewinnen – genauso wie seine zahlreichen Vorgänger und Nachfolger.

Dieser 2. Makedonische Krieg selbst verlief zunächst unspektakulär. Galba gelang es, den Unterstützerkreis der Römer zu vergrößern und erste militärische Erfolge zu erzielen, und als 198 der neue Konsul Titus Quinctius Flamininus nach Griechenland kam, konnte dieser auf dem Erreichten aufbauen. Flamininus stellte Philipps Heer im Frühsommer 197 bei Kynoskephalai in Thessalien und errang einen ebenso glänzenden wie entscheidenden Sieg.

Dieser Sieg war ein wesentlicher Einschnitt in den Beziehungen der Römer und Griechen – nicht nur machtpolitisch, sondern auch mental. Zunächst mußte Philipp sich den harten Friedensbedingungen fügen, sich ganz aus Griechenland zurückziehen, seine Flotte fast völlig ausliefern sowie eine große Kriegsentschädigung an die Römer zahlen. Die makedonische Großmacht war damit erheblich geschwächt. Aber wichtig war nicht zuletzt der Eindruck, den die Schlacht auf die Griechen machte: Die römischen Legionen hatten die makedonische Phalanx besiegt – jene disziplinierte Schlachtordnung, mit der die Makedonen seit Alexander dem Großen den östlichen Mittelmeerraum militärisch dominiert hatten. Deutlicher konnte sich den Beobachtern die Wachablösung der Führungsmacht nicht darstellen.

194 aber zogen sich die Römer aus Griechenland zurück. Daß sie das vorhatten, hatte Flamininus 196 suggeriert, als er die Isthmischen Spiele in Korinth besuchte, ein periodisch abgehaltenes Götterfest mit Wettkämpfen, also den Olympischen Spielen vergleichbar. Bei diesem Anlaß, dem Abgesandte aller griechischen Staaten beizuwohnen pflegten, hatte Flamininus Griechenland für frei erklärt und einen ungeheuren Beifallssturm geerntet. Staatliche Freiheit war bei den Griechen ebenso heiß begehrt, wie ihre Vorstellungen davon im Detail verschwommen waren. Seit dem 5. Jh. war immer wieder mit der Freiheitsparole Stimmung gemacht worden, und sie hatte stets eine gewisse Resonanz gefunden, obwohl sie unzählige Male für krude Herrschaftspolitik mißbraucht worden war. Auch beim großen Auftritt des Flamininus in Korinth waren die Griechen begeistert, doch dürften sie vorbereitet gewesen sein, falls die Umsetzung nicht so ganz den wohlklingenden Ankündigungen entsprochen hätte. Die Römer machten ihr Versprechen allerdings insofern wahr, als 194 tatsächlich der letzte römische Soldat griechischen Boden verließ.

Daß die Römer den Griechen dieses vermeintliche Geschenk machten, lag wesentlich daran, daß sie kein wirkliches Interesse hatten, ihr Territorium zu erweitern. Provinzgründungen waren schön und gut und brachten Rom in Gestalt der Tribute regelmäßige Einnahmen, waren aber mit Kontrollaufwand verbunden, wie man inzwischen wußte: Die Aufrechterhaltung der Ordnung war Aufgabe des römischen Statthalters, der dazu Truppen brauchte und einen kleinen Stab von Helfern. Außerdem mußte man die Ämter erst schaffen, um jährlich Statthalter in mittlerweile vier Provinzen zu entsenden, und dadurch verfremdeten sich die Karrieremuster mit unklaren Auswirkungen auf die Formen der adligen Konkurrenz. Entscheidend dürfte aber gewesen sein, daß man mit den karthagischen und makedonischen Kriegsentschädigungen erst einmal finanziell saniert war und wenig Sinn darin sah, sich die Verantwortung für das griechische Wespennest mit seinen alten Feindschaften, Empfindlichkeiten und permanenten Intrigen aufzuladen. Also gab man sich damit zufrieden, eine Neuordnung Griechenlands durchzuführen, indem man einige Bundesgenossen belohnte und einige Feinde bestrafte und im übrigen dafür sorgte, daß keine Mittelmacht zu groß wurde.

Für die Griechen brachte der Abzug der Römer Unsicherheit und Elend. Die Machtkämpfe, in denen sich die griechischen Zwerg- und Mittelstaaten sofort ergingen, nachdem diese nicht mehr durch den Druck einer starken Außenmacht niedergehalten wurden, erzeugten ein gewaltträchtiges Klima, und es dauerte nicht lange, bis erneut der beliebte Weg eingeschlagen wurde, sich zur Durchsetzung gegen den feindseligen Nachbarn der Hilfe einer starken Außenmacht zu versichern. Die von Rom gedemütigten Aitoler riefen Antiochos III. herbei, um Griechenland wahrhaft zu befreien, und der König des hellenistischen Großreiches mit Zentrum in Syrien, das nach der herrschenden Dynastie das Seleukidenreich genannt wird, setzte 192 mit einem kleineren Heer nach Griechenland über. Daß sich der Seleukidenkönig in das Machtvakuum drängte, das die Zurechtstutzung Makedoniens und der Abzug der Römer hinterlassen hatten, war alles andere als sensationell. Aber natürlich hatte sich Rom unter einem freien Griechenland etwas anderes vorgestellt, und so kamen die römischen Legionen schon 191 zurück und schlugen das Aufgebot des Königs an geschichtsträchtigem Ort – nämlich bei den Thermopylen, wo einst der Spartanerkönig Leonidas mit

seinen Getreuen im Freiheitskampf gegen die Perser gefallen war
(480). Antiochos zog sich daraufhin nach Kleinasien zurück.
Rom ließ es aber dabei nicht bewenden, sondern bestand darauf, dem Aggressor aus dem Osten eine nachhaltige Lektion zu
erteilen. Nach einigen Seegefechten landeten die Römer 190 in
Kleinasien und besiegten Antiochos in der Schlacht bei Magne-
sia am Sipylos. Es dauerte noch bis 188, ehe man in Apameia in
Phrygien einen Frieden schloß, in dem Antiochos sich verpflichtete, seine umfangreichen kleinasiatischen Besitzungen an die
römischen Alliierten Pergamon und Rhodos abzutreten, seine
Flotte bis auf zehn Schiffe auszuliefern, eine Kriegsentschädigung in Höhe von 15 000 Talenten, zahlbar innerhalb von zwölf
Jahren, zu entrichten und sich in der Ägäis und Kleinasien her-
auszuhalten. Damit war nach Makedonien nun auch das zweite
der hellenistischen Großreiche in demütigender Weise gezwungen worden, die römische Überlegenheit anzuerkennen und sich
in seinem Einflußbereich reduzieren zu lassen. Daß Rom die dominierende Macht im gesamten Mittelmeerraum war, stand damit bereits fest, auch ohne daß die Römer daran dachten, die
direkte Kontrolle zu übernehmen.

In der langen Zeit der kleineren Strafmanöver und der Verhandlungen über das Friedensabkommen hatte sich 189/8 der
römische Kommandeur Gnaeus Manlius Vulso daran gemacht,
die Galater, keltische Stämme, die sich im 3. Jh. in Zentralklein-
asien (in der Gegend um das heutige Ankara) festgesetzt hatten,
mit Krieg zu überziehen. Ihre Unterstützung des Antiochos und
ihre ständigen Fehden mit dem Königreich Pergamon, das zu den
treuen Römerfreunden gehörte, boten äußerliche Vorwände,
doch hatte der römische Senat diesen Krieg nicht angeordnet,
und von einer Zwangslage des Kommandeurs konnte keine Rede
sein. Dennoch suchte Vulso die Galater heim, plünderte und ver-
wüstete ihre Siedlungen, und 40 000 von ihnen wurden getötet
oder in die Sklaverei verkauft. In der römischen Überlieferung
gilt der Galaterfeldzug des Manlius Vulso als der erste eigenmächtige Feldzug eines römischen Militärbefehlshabers zum
Zwecke der persönlichen Bereicherung. Auch wenn die früheren
Zeiten damit wohl allzu sehr glorifiziert werden, so zeigt Vulsos

Beispiel doch deutlich eine Schattenseite des römischen Erfolgs: Weitab von Rom, wo mittlerweile die Kriege geführt wurden, wuchs der Ermessensspielraum des Kommandeurs vor Ort ins Unkontrollierbare an, und die Versuchung, sich persönlichen Kriegsruhm und fette Beute zu Lasten irgendwelcher armen Völker einzuverleiben, indem man eine zu Hause kaum überprüfbare Bedrohung römischer Sicherheits- oder Herrschaftsinteressen behauptete, war gewaltig. Das Problem erkannte man in Rom durchaus, und so wurden gegen Manlius Vulso auch von Senatsgesandten, die zur Ausarbeitung der Friedensregelungen mit Antiochos in Kleinasien weilten, Vorwürfe wegen privater, unnötig brutaler und allein durch Beutegier motivierter Kriegführung erhoben, doch gelang es dem Feldherrn, dennoch seinen Triumph zu erhalten. Da von seiner Beute auch große Summen in die Staatskasse geflossen waren, gab es kein ausgeprägtes Interesse der Senatoren, die genauen Umstände, wie Rom zu diesen Einnahmen gekommen war, zu hinterfragen – *non olet*, schon damals hat das Geld nicht gestunken.

Die römischen Kriege im Osten waren spektakulär, da es gegen renommierte Gegner ging und schnell große Erfolge erzielt wurden, aber wichtiger waren für Rom andere Kriegsschauplätze. In Oberitalien stand nach dem Sieg über Karthago die Neuordnung der Beziehungen zu den Kelten an, die in ihrer großen Mehrheit Hannibal unterstützt hatten. Die Kelten gaben sich denn auch keinen großen Illusionen hin, und so erhoben sich 200 die Boier und Insubrer mit Hilfe versprengter karthagischer Heeresreste. Es kostete die Römer zehn Jahre großer militärischer Anstrengungen, diesen Aufstand niederzuwerfen. Ende der 180er Jahre besiegten sie dann auch die Ligurer und brachten das östliche Oberitalien in ihre Gewalt. Die Sicherung der Region betrieben sie auf die gewohnte Weise, nämlich über die Gründung von latinischen Kolonien bzw. die Verstärkung schon bestehender, unter denen noch heute bekannte Städte wie Aquileia, Cremona, Lucca und als Kolonien von römischen Bürgern Modena und Parma zu finden sind.

Gegenüber der Hauptsorge der Römer in dieser Zeit, durch eine stabile Kontrolle Oberitaliens ein für alle Mal gegen ein

Wiederaufleben der Hannibalallianz gefeit zu sein, verblaßten aber nicht nur die Kriege im Osten, sondern auch jene im Westen, die sich allerdings quälend lange hinzogen. 197 hatten die Römer die Gebiete in Spanien, die sie den Karthagern abgejagt hatten, in zwei neuen Provinzen organisiert, aber schon bald waren dort Aufstände ausgebrochen. Erst als Tiberius Sempronius Gracchus (der Ältere) 179/8 einen fairen Frieden mit den Keltiberern schloß, war man zu einer tragfähigen Regelung gekommen. Doch schon für 171 hören wir von Beschwerden aus Spanien gegen Statthalter wegen mißbräuchlicher Bereicherung, und die schwächlichen Versuche des Senats, dagegen vorzugehen, waren nicht von Erfolg gekrönt. Seit 154 waren dann schwere Kämpfe im Gange, die vor allem von den nomadisierenden Lusitanern, die eigentlich außerhalb der römischen Provinzen lebten, ausgelöst wurden. Den Römern gelang es nicht mehr, die Provinzen mit militärischer Bedeckung und Verträgen zu befrieden, und so zogen sich die Kämpfe mit kleineren Unterbrechungen zwanzig Jahre hin, und zwar in der Weise, daß praktisch keine Schlachten geschlagen wurden, sondern die römischen Truppen sich einer Guerilla-Taktik ständiger Überfälle ausgesetzt sahen. In diesen Kriegen gab es ökonomisch nichts zu gewinnen, Ruhm konnte man nicht ernten, und die Verluste waren hoch. Es ist wohl nicht zu kühn zu resümieren, daß die Kämpfe in Spanien zwischen 154 und 133 den Blick der Römer auf den Krieg veränderten, auch wenn sie am Ende mit der Eroberung von Numantia, dem letzten Zentrum des Widerstandes, doch noch den Sieg davontrugen.

Auch in Nordafrika brachen nach dem strengen Friedensdiktat der Römer bald wieder Konflikte aus. Nach der Katastrophe des 2. Punischen Kriegs war Karthago wirtschaftlich recht bald wieder gesundet, was die Römer mit Argwohn registrierten. Als dann ihr Günstling Massinissa, der König des Numiderreiches, in den 190er Jahren begann, sich mit der Begründung, dies sei alles das angestammte Land seiner Vorfahren, karthagisches Gebiet anzueignen, bemühten sich die Römer zunächst noch um leidlich angemessene Schiedssprüche, hinderten aber die Karthager, die sich ja verpflichtet hatten, ohne römische Genehmigung keinen Krieg zu führen, stets daran, den aggressiven Nachbarn militärisch in die Schranken zu weisen. Der Numiderkönig fühlte sich durch die im ganzen sanfte Behandlung vonseiten der Römer ermuntert, mit seiner eigenmächtigen «Wiedergewinnung» des angeblichen Besitzes seiner Ahnen fortzufahren; denn auch wenn er sich manchmal wieder zurückziehen mußte, konnte er einiges doch behalten. Seit 161 verhielten sich die Römer dann unverhohlen parteiisch, und als 152 wieder eine römische Gesandtschaft erschien, war Karthago nicht mehr bereit, sich der erwiesenermaßen einseitigen Schiedsgerichtsbarkeit der Römer zu unterwerfen. Unter den Gesandten, die unverrichteter Dinge nach Hause zurückkehrten, war auch der greise Marcus Porcius Cato, der vom Wohlstand Karthagos sehr beeindruckt war und nun begann, im Senat für eine endgültige Vernichtung des alten Feindes Stimmung zu machen. Als sich die Karthager dazu hinreißen ließen, gegen Massinissa ins Feld zu ziehen, boten sie 150 den Vorwand für eine römische Kriegserklärung. In ihrer Verzweiflung unterwarfen sich die Karthager, lieferten auch die geforderten Geiseln und sogar die Waffen ab. Doch der Senatsbeschluß, die Karthager sollten ihre Stadt aufgeben und sich irgendwo auf dem Territorium ansiedeln, in sicherer Entfernung von der Küste, war der Funke, der das explosive Gemisch aus gekränkter Ehre, Verzweiflung und Wut entzündete. Die Karthager töteten alle zufällig in ihrer Stadt befindlichen Italiker und leisteten Widerstand. Es dauerte noch bis zum Jahre 146, ehe die römische Armee unter der Führung des Publius Cornelius Scipio Aemilianus – per Adoption der Enkel des Scipio Africanus, des Siegers von Zama – die Stadt einnahm und dem Erdboden gleichmachte. Die Angst vor einem Wiedererstarken Karthagos hatte die Römer dazu gebracht, die alte Rivalin auszulöschen. Wenn man nach einem mahnenden Beispiel dafür sucht, was das hysterische Sicherheitsbedürfnis einer Weltmacht anrichten kann: Hier ist es zu finden.

Der griechische Osten war nach dem erneuten Rückzug der römischen Truppen 188 in eine komplizierte Lage geraten. Die Römer hatten keine direkte Kontrolle übernommen, sondern nur größere Mächte wie Makedonien, das Seleukidenreich, aber

auch den Aitolischen Bund erheblich zurechtgestutzt und in ihrer
künftigen Außenpolitik beschnitten, gleichzeitig eigene Bundesgenossen wie Rhodos und Pergamon gefördert und einige Frei-
heitsparolen abgesondert. Die zahlreichen Stadt- und Bundes-
staaten in Griechenland und Kleinasien sollten aus römischer
Sicht zwischenstaatliche Politik betreiben, aber möglichst ohne
dadurch größere Machtzuwächse und -verschiebungen auszulösen. Da die Griechen jedoch erlebten, daß man in Rom keineswegs mit allem zufrieden waren, was im Osten geschah, und da
sie ja auch wußten, daß die Seite, der gegenüber die Römer Sympathie bekundeten, einen großen, meist entscheidenden Vorteil
besaß, strömten Jahr für Jahr Massen von Gesandten nach Rom
und versuchten den Senat davon zu überzeugen, daß in dem
konkreten Streitfall, der sie betraf, sie im Recht und ihre Gegner im Unrecht waren. Auch ohne römische Präsenz im Osten
wirkte so die Gravitation der Macht und zog die Kontrahenten
nach Rom. Der griechische Osten blieb also nicht sich selbst
überlassen, sondern Rom steuerte kräftig mit, ohne aber so etwas
wie ein nachvollziehbares Konzept zu entwickeln und ohne sich
wirklich verantwortlich zu fühlen.

Als Philipp V. von Makedonien 179 starb und sein Sohn Perseus die Nachfolge antrat, orientierten sich bald die Zukunfts-
hoffnungen vieler Griechen auf ihn. Die Lage war auch für diejenigen Staaten, die unter der makedonischen Suprematie gelitten
hatten, mittlerweile oft unerträglich. Bei allem, was man tat und
plante, mußte man sich überlegen, was wohl die Römer davon
halten würden, da man ihren Zorn nicht riskieren konnte; aber
Rom war eben nicht bereit, seine Wünsche klar zu artikulieren.
So entstand eine psychologische Situation, in welcher der neue,
strahlende König des weiterhin stärksten griechischen Staates –
anders als sein Vater nicht mit zahllosen Sünden brutaler Machtpolitik belastet und bemüht, sich mit großzügigen Gesten neues
Vertrauen zu erwerben – plötzlich zum Hoffnungsträger vieler
Griechen wurde.

Den Römern war diese Entwicklung nicht geheuer. Als König
Eumenes von Pergamon 172 persönlich nach Rom kam, um
dem Senat angebliche Beweise für Perseus' dunkle Machen-

schaften vorzulegen, waren die Senatoren daher gern bereit, an die makedonische Weltverschwörung zu glauben. Bei der diplomatischen Kriegsvorbereitung der Römer zeigten die griechischen Staaten ihren von Resignation geprägten Realismus. Auch diejenigen, die Perseus zuvor mit Sympathie begegnet waren, traten auf die Seite der Römer, und Perseus' Bemühungen, den Krieg zu vermeiden, waren aussichtslos, da die Römer den Krieg wollten. Immerhin gelang es Perseus, sich 171 bis 169 erfolgreich im Stellungskrieg zu behaupten und die Offensivkraft der Römer nicht zur Geltung kommen zu lassen, und das tat ihrem Prestige in der griechischen Welt nicht gut. 168 übernahm dann der Konsul Lucius Aemilius Paullus das Kommando, und er stellte die Makedonen bei Pydna. In der hart geführten Schlacht siegten am Ende die Römer, Perseus wurde auf der Flucht gefangengenommen, der Krieg war entschieden.

Wie Rom seine Stellung im östlichen Mittelmeerraum interpretierte, wurde alsbald überdeutlich: Die nordwestgriechische Landschaft Epirus, die Perseus unterstützt hatte, unterzog Aemilius Paullus einem furchtbaren Strafgericht. Fast 70 Städte und Dörfer sollen die Römer eingenommen und geplündert haben, ca. 150 000 Epiroten wurden in die Sklaverei verkauft. Griechische Staaten, deren Kooperationsbereitschaft den Römern allzu lau erschienen war, wurden durch Hinrichtungen von exponierten Politikern und Massendeportationen nach Italien terrorisiert.

Nach dem Sieg bei Pydna hatten die Römer den Rücken wieder frei, um einer gravierenden Verschiebung der Kräfteverhältnisse im Mittelmeerraum entgegenzutreten. Der neue König des Seleukidenreiches, Antiochos IV., der lange als Geisel in Rom gelebt hatte, nutzte die anhaltende Schwächeperiode bei den Ptolemäern, der regierenden Dynastie in Agypten, und stand kurz davor, sich größere Teile ihres Reiches anzueignen. Die Römer schickten 168 eine Gesandtschaft mit Gaius Popillius Laenas an der Spitze, die den Seleukidenkönig in Eleusis im Vorfeld von Alexandria antraf. Antiochos, der Popillius Laenas aus Rom kannte, wollte ihn freudig begrüßen, aber der Gesandte nahm nicht einmal die ausgestreckte Rechte des Königs, sondern hielt ihm gleich das Täfelchen mit dem Senatsbeschluß ent-

gegen mit der Aufforderung, diesen zu lesen. Als sich Antiochos
danach mit seinen Freunden beraten wollte, zog Laenas mit
einem Stock einen Kreis um den König und sagte ihm, er müsse
seine Antwort geben, bevor er den Kreis verlasse. Schockiert gab
Antiochos nach und akzeptierte die Anweisung des Senats, sich
sofort aus Ägypten zurückzuziehen.

In dem «Tag von Eleusis», wie dieses Ereignis gern genannt
wird, verdichtet sich die überlegene Machtstellung der Römer
in einer Deutlichkeit, die nichts zu wünschen übrig läßt. Das
Schreckenspotential der Römer war so groß, daß sie sich sogar massive Demütigungen durchaus mächtiger Herrscher leisten konnten. Daß sie aber solch ehrabschneidende Szenen tatsächlich nicht vermieden, offenbart eine gewisse Arroganz der
Macht, ist aber auch eine Folge ihrer fundamentalen Ausrichtung auf den Krieg. Während in späteren Zeiten, vor allem in
der Moderne, der imperiale Gestus meist zurückgenommen
wird, da man sich von Provokationen, welche die Repräsentanten schwächerer Mächte wider alle realpolitische Vernunft zu
den Waffen greifen lassen, keinen Vorteil gegenüber der diplomatischen Durchsetzung der eigenen Interessen verspricht, waren die Römer immer für einen Krieg zu haben, in dem sich die
Amtsinhaber Siegesehren verdienen konnten und auch die römische *res publica* so von der Beute und den Kriegsentschädigungen profitierte, daß man der Konfrontation freudig entgegensah.
Interessanterweise ist erst mit der Berufsarmee der römischen
Kaiserzeit eine Form von Kosten-Nutzen-Rechnung aufgekom-
men, die ein größeres Interesse an friedlichen Konfliktlösungen
und folglich auch einen etwas behutsameren Umgang mit den
Vertretern anderer Mächte hervorbrachte.

Noch bevor Aemilius Paullus in Rom seinen Triumphzug
durchführte, in dem auch Perseus als Gefangener mitmarschie-
ren mußte, war die Entscheidung getroffen worden, wie mit Makedonien weiter zu verfahren sei. Immer noch wollte der Senat
keine direkte Kontrolle übernehmen, andererseits sollte Makedonien aber als Gefahrenherd ausgeschaltet werden. Man verfiel
auf eine Art von antikem Morgenthau-Plan – eine Zerschlagung
und künstliche Retardierung der gewachsenen Strukturen. Ma-

kedonien wurde in vier voneinander unabhängige, zu Tributzah-
lungen verpflichtete Gebiete geteilt, denen jeder Kontakt untereinander untersagt war. Die römische Politik hatte ein neues Ausmaß an Destruktivität erreicht.

Die Situation war trostlos. Auf der griechischen Welt lasteten
die Übermacht und der kräftige Wille der Römer, daß alles ihren
Wünschen entsprechen müsse, vor allem auch deshalb wie ein
Albdruck, weil diese Wünsche selten klar waren, noch selte-
ner deutlich ausgesprochen wurden, sondern immer wieder er-
ahnt werden mußten, wobei Fehlkalkulationen mit furchtbaren
Risiken verbunden waren. Gleichzeitig hatten sich die ökonomischen und sozialen Gegensätze in den vergangenen Jahrzehnten
erheblich vertieft, was sicher nicht allein eine Konsequenz der
römischen Zerstörungen, Plünderungen, Versklavungen und De-
portationen war; aber natürlich hatten diese Kriegsfolgen erheblichen Anteil an dem allgemeinen Elend.

Es war daher kein Wunder, daß einem Griechen aus Kleinasien
namens Andriskos Anhänger in Scharen zuliefen, als er sich als
Sohn des Perseus ausgab, dem er offenbar sehr ähnlich sah. 149
zog Andriskos, der sich nun Philipp nannte, mit thrakischer Unterstützung gegen die makedonischen Teilstaaten, besiegte deren
Aufgebote und stand nach wenigen Monaten an der Spitze des
wiederauferstandenen Makedonien. Die Römer unterschätzten
den Usurpator zunächst und entsandten ein schwaches Heer, das
vernichtend geschlagen wurde. Da dieser schwere Rückschlag
die Oberhoheit der Römer über Griechenland erschütterte, mußte man nun ein stärkeres Heer in den Osten schicken, was Rom
nicht leicht fiel, da man gleichzeitig im 3. Punischen Krieg in
Nordafrika gebunden war. Doch der Praetor Quintus Caecilius
Metellus konnte Andriskos besiegen, der bald danach an die
Römer ausgeliefert wurde. Der Achäerbund hatte sich zwar
nicht direkt mit Andriskos verbündet, war aber nach einem innenpolitischen Machtwechsel auf einen unabhängigeren Kurs
eingeschwenkt, der ihm vonseiten des Senats einen Beschluß
zur Herauslösung einiger Mitgliedstädte eintrug. Die achäische
Bevölkerung reagierte empört und mit Beleidigungen römischer
Gesandter. Der Senat bemühte sich nun sogar, die Achäer zu be-

ruhigen, aber der aufgestaute Haß gegen die römische Willkür war nicht mehr zu bändigen. Gegen alle Vernunft zogen die Achäer 146 in den Krieg und wurden zunächst von Metellus, sodann endgültig von dem Konsul Lucius Mummius besiegt, der die brutale römische Rache exekutierte. Korinth wurde erobert und zerstört, die überlebenden Bewohner verkaufte man in die Sklaverei, das Territorium wurde römischer Staatsbesitz. Überall im Gebiet des Achäischen Bundes wurde geplündert.

Der Andriskos-Aufstand und der Achäerkrieg offenbarten das Debakel der römischen Griechenlandpolitik überdeutlich. Wenigstens reifte jetzt die Einsicht in Rom, daß man um eine Übernahme der direkten Kontrolle und Verantwortung nicht mehr länger herumkam. So wurde 146 die Provinz Makedonien gegründet, in der ein römischer Statthalter mit römischen Truppen für Ordnung sorgte und auch den Schutz übernahm, dessen die Region infolge ihrer unablässigen Auseinandersetzungen mit den Völkern im Norden bedurfte. Griechenland selbst wurde kein offizieller Teil der Provinz, da es ja frei sein sollte, aber es war praktisch ein Annex, und die ständige römische Präsenz in der Nähe sorgte für eine Eindämmung der Konfliktbereitschaft und bot zugleich eine Schlichtungsinstanz. Rom hatte damit nach ca. 50 Jahren der erratischen Gelegenheitseingriffe mit teilweise katastrophalen Folgen für die Region nunmehr die ordnungspolitische Aufgabe angenommen, die sich aus seinen Herrschaftsinteressen notwendig ergab.

Nach dem 2. Punischen Krieg war Rom die beherrschende Macht des westlichen Mittelmeerraumes gewesen, aber es existierten im Osten noch Großmächte, die unabhängig von Rom Politik machten. 50 Jahre später war es damit vorbei. Makedonien war zerschlagen, das Seleukidenreich gedemütigt und eingeschränkt, das Ptolemäerreich abhängig vom römischen Wohlwollen. Die Römer hatten nunmehr sechs Provinzen gegründet und damit die direkte Kontrolle über Sizilien, Sardinien und Korsika, Teile Spaniens, Makedonien und das ehemalige karthagische Kerngebiet in Nordafrika übernommen. Wenn man als Großmacht ein Gemeinwesen betrachtet, das in einer Großregion agieren und vieles durchsetzen kann, aber noch andere

Konkurrenzmächte beachten und vielleicht sogar fürchten muß, dann war Rom jetzt dem Großmachtstatus entwachsen: Es war die unumstrittene Übermacht in der gesamten Mittelmeerwelt, und da diese Welt in sich ein verhältnismäßig abgeschlossener Kommunikationskreis war, kann man Rom jetzt als einsame Weltmacht betrachten. Doch hatte man für diesen Aufstieg einen hohen Preis zu zahlen.

VI. Von den Mühen der Berge zu den Mühen der Ebenen: Die Rückwirkungen der Expansion

Nachdem Aemilius Paullus, der große Sieger in der Schlacht bei Pydna, die riesige Beute aus seinem Ostfeldzug 167 bei der Staatskasse auf dem Kapitol angeliefert hatte, verkündete der Senat etwas, wovon der moderne Staatsbürger nur träumen kann: Die römische *res publica* wolle bis auf weiteres auf die Steuerumlagen bei ihren Bürgern verzichten. Tatsächlich wurde der jährliche, nach dem Vermögen gestaffelte Bürgertribut bis zum Untergang des römischen Reiches nicht wieder erhoben.

Nichts könnte deutlicher machen, in welchen Dimensionen sich die Profite bewegten, die die Römer mit ihren Kriegen erzielten und die sie mit ihren abgabenpflichtigen Provinzen verstetigten. Doch flossen die neuen Reichtümer nur zum Teil in die öffentliche Kasse, viel geriet in private Hände. Die Bewegungen der römischen Armeen beschäftigten zahlreiche Zulieferer. Im Troß zogen die Marketender mit und sorgten einerseits dafür, daß die Soldaten Sold und Beute gleich in Unterhaltung umsetzen konnten, andererseits waren sie die Aufkäufer der Sachwerte, also vor allem der Sklaven. So gab es also Geschäftsleute, die direkt vom römischen Heer lebten und mit ihm zogen, aber daneben entwickelten sich allgemein die Märkte und Handelsrouten, wobei der privilegierte Zugang römisch-italischer Kaufleute zu den Repräsentanten der römischen Macht einen großen

Vorteil gegenüber der einheimischen Konkurrenz darstellte. Die wahrscheinlich größten Gewinne machten wohl diese Repräsentanten selbst, keineswegs nur der Oberkommandierende, sondern auch seine Helfer und Offiziere, die fest darauf rechnen konnten, sich in erfolgreichen Kriegen in hohem Ausmaß zu bereichern.

Der nach Italien fließende Reichtum veränderte Wirtschaft und Politik. Investiert wurde in Luxusbauten und einen gehobenen Lebensstil, darüber hinaus in lukrative Geschäftszweige wie Fernhandelskonsortien, Geldverleih und Mietskasernen; doch große Summen scheinen auch in den Grundbesitz und dessen Aufwertung geflossen zu sein. Landwirtschaftlich genutzter Großgrundbesitz warf eine eher schmale Rendite ab, war aber verhältnismäßig krisenfest. Doch der wesentliche Grund für die Beliebtheit dieses Erwerbszweigs lag in dem gesellschaftlichen Ansehen, das daran geknüpft war. Der Tradition nach war ein vornehmer Römer ein Grundbesitzer, und eigentlich konnte man auch nur von einem Grundbesitzer erwarten, daß er sich voll für das Gemeinwesen einsetzte. Dem Phänomen, daß das Kapital – wie es heute so schön heißt – ein scheues Reh ist und schnell ins Ausland flieht, wenn es im Inland nicht gehätschelt wird, begegnete man in der Antike mit der Hochschätzung des Landeigentümers, auf den in einer Bedrohungslage Verlaß war, weil er sein Vermögen nicht aus der Gefahrenzone heraustransferieren konnte.

Die Konsequenz dieser im wesentlichen außerökonomischen Einflußfaktoren bestand in der Verwendung der Reichsgewinne zur Erweiterung des eigenen Grundbesitzes. Wohlgemerkt – das taten nicht nur die Senatoren und die lokalen Adligen, sondern auch Geschäftsleute minderer Herkunft, die zwar ihr Geld in anderen Branchen vermehrten, die gesellschaftliche Statuserhöhung aber über die Imitation senatorischer Lebensweisen als Großgrundbesitzer betrieben. Da in Italien nach den Verwüstungen des 2. Punischen Krieges in manchen Regionen viel Land zur Verfügung stand, war einiges billig aufzukaufen, und da das Gemeinwesen zudem nicht in der Lage war, die Bewirtschaftung des zur Strafe von den Kollaborateuren konfiszierten Landes selbst in die Hände zu nehmen, konnten kapitalkräftige Großgrundbesitzer mit offizieller Ermunterung große Flächen Staatsland okkupieren und nutzen. Daß darüber hinaus mancher kleine Bauer den Unsicherheiten seines Wirtschaftens am Existenzminimum und dem Druck des wohlhabenden Nachbarn nicht mehr gewachsen war und sein kleines Gut verkaufte, erweiterte die Möglichkeiten. Nach den Untersuchungen der letzten Jahrzehnte stellt sich Italien im 2. Jh. als eine durchaus differenzierte Landschaft dar, in der teils der Kleinbesitz ungeschmälert fortlebte, aber auch teils der Großgrundbesitz sich durchzusetzen begann. Daß die Sklaven, die in Massen und daher auch kostengünstig auf den italischen Markt kamen, zu einer neuen Struktur landwirtschaftlicher Produktion führten und die Entwicklung der Großgüterwirtschaft vorantrieben, ist sicher richtig, doch darf man ihre ökonomische Bedeutung nicht überbewerten. Unter ökonomischen Gesichtspunkten war der mit Sklaven bewirtschaftete Agrarbetrieb eigentlich immer zweifelhaft, denn man muß bedenken, daß die Alternative im römischen Italien ja nicht in Lohnarbeit mit festem Arbeitsvertrag, Kündigungsschutz und Rentenanspruch bestand, sondern in der – für den Großgrundbesitzer risikolosen – Einstellung von Saisonarbeitskräften aus einem reichen Reservoir von armen Freien, die sich für geringen Lohn und ohne jede soziale Sicherungsmaßnahme anheuern ließen und jederzeit gefeuert werden konnten. Demgegenüber war ein Sklave, den man das ganze Jahr über ernähren mußte, nicht unbedingt billiger. Die antike Massensklaverei ist ohne ein Element des gesellschaftlichen Prestiges, das einem Besitzer vieler Sklaven offenbar zuwuchs, nicht nachvollziehbar.

Doch die ambitionierten Römer investierten ihre im Krieg und in den Provinzen erworbenen Reichtümer nicht nur in mehr oder weniger sichere Anlagen und somit in ihre Vermehrung, sondern vor allem in die Politik. Durchgängig gilt für die antiken Stadtstaaten, daß in ihnen der wirtschaftliche Erfolg eher eine Voraussetzung zum Erwerb von öffentlichem Ansehen war als ein Wert an sich, und Rom bildete darin keine Ausnahme. Für die Römer, die wirklich zur Crème der Gesellschaft gehören wollten, gab es nur einen Weg: die Ämterlaufbahn, die Aufnahme in den Senat, den Aufstieg in ein Oberamt und das militärische Kommando, das damit verbunden war, kurz: die politische Karriere.

Von daher ist es nicht verwunderlich, daß beachtliche Teile der neuen Reichtümer hemmungslos für politische Zwecke ausgegeben wurden. Die Errichtung öffentlicher Bauten wie Tempel und Säulenhallen war von jeher vor allem als Aufgabe privater Sponsoren aufgefaßt worden, denen diese Großzügigkeit mit Prestige vergolten wurde, das letztlich in Einfluß konvertierbar war. Dieser Weg wurde jetzt so intensiv beschritten wie nie zuvor, Rom erlebte einen Aufschwung der öffentlichen Bauten sowie der Ausgestaltung öffentlicher Plätze mit Statuen und anderen Kunstwerken, deren Inschriften auf den edlen Spender hinzuweisen pflegten. Öffentlichkeitswirksam war auch die Finanzierung von Spielen, deren Frequenz und Aufwand im 2. Jh. in hohem Maße gesteigert wurden. Ganz unmittelbar politisch war die Investition in den Wahlkampf in Form von Geldverteilungen, was zwar geächtet und bald auch verboten war, doch in der Praxis nicht so leicht von Großzügigkeiten im Rahmen des Patronagesystems unterschieden werden konnte, so daß in der Grauzone vieles möglich war. Wir wissen, daß die Konkurrenz bei den Wahlen im 2. Jh. sehr hart war. Wir hören von bis zu sieben Bewerbern um die zwei Konsulstellen, und selbst Angehörige prominenter Familien fielen mehrfach durch. Daß in einer Lage intensivierten Wettbewerbs in der Laufbahn, die den Lebenszweck der Angehörigen der politischen Klasse darstellte, die Bereitschaft wuchs, sich durch Geldinvestitionen mehr Popularität zu verschaffen und damit die eigenen Erfolgschancen zu verbessern, ist eine naheliegende Entwicklung. Doch läßt sich ein solcher Prozeß, einmal in Gang gekommen, kaum noch stoppen, im Gegenteil: Inflationäre Tendenzen setzten ein, denn jeder mußte die Großzügigkeiten der Konkurrenten überbieten, so daß der finanzielle Aufwand, der gestern gereicht hatte, um in ein Amt zu gelangen, heute nur mehr belächelt wurde. Der Zugriff auf die Ressourcen des entstehenden Reiches erzeugte also einen Trend zur galoppierenden Verteuerung der politischen

Karriere, und diese wiederum erhöhte in einem dialektischen Prozeß das Bedürfnis, die Zugriffsmöglichkeiten auszuweiten. Die Ausbeutung der römischen Provinzen wurde folglich nicht zuletzt durch die steigenden Kosten der Politik angekurbelt.

Warum sich die Konkurrenz so intensivierte, ist nicht leicht zu sagen. Zweifellos spielte der 2. Punische Krieg eine Rolle, in dem man die Kommandopositionen immer wieder mit denselben erfahrenen Militärs besetzt hatte, so daß der Weg zum Konsulat erheblich verengt, wenn nicht gar verstopft worden war. Es gab also Nachholbedarf. Außerdem waren infolge der großen Kriegsverluste – vor allem bei Cannae – viele neue Männer in den Senat aufgenommen worden, die jetzt langsam das Selbstbewußtsein entwickelten, auch nach höheren Ehren zu streben. Schließlich dürfte gerade die angewachsene Prosperität auch die Ansprüche gesteigert haben. Jedenfalls wurden fortan die Wahlkämpfe mit größerer Intensität geführt, und das Risiko des vollständigen, weil auch ökonomischen Scheiterns nahm zu. Daraufhin unternahm es 180 der Volkstribun Lucius Villius, die Karriere klar zu ordnen. Sein Gesetz schrieb vor, daß man von nun an das Konsulat nicht vor dem 43., die Praetur nicht vor dem 40. und vielleicht die Quaestur nicht vor dem 31. Lebensjahr bekleiden durfte. Darüber hinaus war die Übernahme der Praetur vor dem Konsulat Pflicht, und vor dem Antritt einer weiteren Magistratur hatte mindestens ein amtloses Jahr zu liegen. Die neuen Vorschriften entzerrten den Wettbewerb, nun konnten nicht mehr so viele Jahrgangskohorten gleichzeitig für ein Amt kandidieren, zudem bedeutete die Praetur als Voraussetzung, daß es mancher schon nicht zum Praetor brachte und aus dem Rennen ausschied. Doch war das Problem durch dieses Gesetz nur entschärft, nicht aber gelöst.

Der fast gleichzeitige Versuch, anstößige Praktiken der Bewerbung, darunter vielleicht auch schon Geldzahlungen an die Wähler, als illegal zu definieren und zu untersagen, scheint keine große Wirkung erzielt zu haben, wie schon daraus zu schließen ist, daß Gesetze dieses Typs in steigender Frequenz bis zum Ende der Republik erneuert wurden. Aber daß man sich um solche Regelungen bemühte, zeigt zweierlei: Zum einen nahmen offenbar viele Senatoren die Formen der Auseinandersetzung, die in der Führungsschicht während des 2. Jh.s eingerissen waren, als ungehörig wahr, und zum anderen hielten sie das Gesetz für das gegebene Medium, um Praktiken, die früher allgemein gegolten hatten, nun verbindlich festzuschreiben. Der *mos maiorum*, das Ensemble der Bräuche und Handlungsweisen der Vorfahren, an denen sich ein Römer gefälligst zu orientieren hatte, wurde nun festgeschrieben, insgesamt freilich mit eher bescheidender Steuerungswirkung.

Doch waren die neuen Generationen natürlich nicht einfach moralisch verkommen, sondern sie hatten kaum eine Alternative, sich anders zu verhalten. Traditionell waren die Angehörigen der großen Familien geradezu verpflichtet, es ihren Vätern und Vorvätern gleichzutun und ebenfalls nach dem Konsulat und dem damit häufig verbundenen großen Militärkommando zu streben. Wenn es aber nun einen Engpaß gab, so konnten sie nicht einfach die Achseln zucken und etwas anderes tun, ohne als Versager dazustehen. Wie sollten sie, wenn sie nicht Konsul wurden, etwas leisten, was in den Augen ihrer Schicht zählte? Es gab nichts, was neben den militärischen und politischen Erfolgen für die römische *res publica* bestehen konnte. Daher blieb ihnen in diesem Wertesystem kaum etwas übrig, als den Einsatz zu erhöhen, und so kam die Kostenspirale für die politische Karriere in Gang.

Die Verteuerung der Karriere war mit mehreren Entwicklungsfaktoren verknüpft, die alle ineinandergriffen, ohne daß sich Ursachen und Wirkungen leicht auseinanderhalten ließen. Bereits erwähnt wurden die Ausbeutung der Provinzen und die Anzettelung von Kriegen um der Beute willen. Doch die Chancen, sich auf diese Weise zu bereichern, ergaben sich in großem Stil erst am Ende der Laufbahn, wenn man es schon wenigstens zum Praetor, besser noch zum Konsul gebracht hatte. Die Karriere mußte also vorfinanziert werden, und dazu mußte ein hinreichend großes Familienvermögen zur Verfügung stehen. Der Landhunger der senatorischen Familien und ihre Inflexibilität, als maßvolle Umverteilungen zur Diskussion standen, hatten zweifellos auch mit diesem erhöhten Bedarf zu tun, zumal

Land bei der Aufnahme von Krediten die beste Sicherheit darstellte.

Die unmittelbaren Verlierer der Expansion waren nicht die Angehörigen der Führungsschicht, auch wenn ihnen die Finanzierung der politischen Laufbahn und des standesgemäßen Lebensstils nicht immer leicht fiel, sondern – wie meistens – die kleinen Leute. Dabei hatte die stadtrömische Bevölkerung zunächst durchaus Vorteile: Es wurden Unsummen von Geld für Siegesfeste und vor allem für Bauten in die Stadt gepumpt, wovon auch die einfachen Stadtbewohner profitierten. Der Sog der Hauptstadt, deren Einwohnerzahl im 2. Jh. bedeutsam anstieg, hatte auch etwas mit solchen Verdienstmöglichkeiten zu tun. Aber auf dem Lande sah es anders aus. Der Gutsbesitz dehnte sich aus, und auch wenn wir inzwischen wissen, daß die Kleinbauern nicht überall verdrängt wurden, so ist doch klar, daß es insgesamt einen gewissen Rückgang an Bauernstellen gab. Vor allem aber fehlten die staatlichen Verteilungsprogramme, die jahrhundertelang den Verarmten und den überzähligen Söhnen, die von der väterlichen Wirtschaft nicht auch noch leben konnten, eine neue Chance geboten hatten. Seit Anbeginn der Republik hatten die Römer Kolonien gegründet als Vorposten ihrer Herrschaft, und dadurch konnten sich Tausende von Bürgern eine wirtschaftliche Existenz aufbauen. Seit der Inbesitznahme Oberitaliens mit den großen Kolonien der 180er und frühen 170er Jahre aber stockte die Kolonisation. Es wirkte sich aus, daß die Versorgung von Bürgern stets nur das Nebenprodukt der Städtegründungen gewesen war, und sicherheitspolitisch waren zusätzliche römische Vorposten in der Tat überflüssig. Zudem konnten Landverteilungen zu relevanten Machtverschiebungen in der Elite führen, so daß man dazu neigte, diese nur im Notfall zuzulassen, und der war eben nicht mehr gegeben. Schon als 232 der Volkstribun Gaius Flaminius, der später als Konsul von 217 in der Schlacht am Trasimenischen See mitsamt seinem Heer unterging, eine Initiative startete, den sogenannten *ager Gallicus*, das Gebiet südlich von Rimini an der Adria, an siedlungswillige römische Bauern zu verteilen, hatte der massive, allerdings vergebliche Widerstand der meisten Senatoren wohl auch damit zu tun, daß man die politischen Konsequenzen fürchtete. Die neuen Siedler verdankten ihre Existenz dem Antragsteller Flaminius und dem Komitee, das die tatsächlichen Zuweisungen vor Ort vornahm, und nach den römischen Prinzipien personaler Beziehungen entstand so eine Verpflichtung, die sich bei Gelegenheit in Gegenleistungen niederschlagen konnte. Die Individuen, die Ansiedlungsprogramme einbrachten, und die, die die Ansiedlungen durchführten, erweiterten also ihre Klientel in beträchtlichem Umfang, was natürlich sofort die Konkurrenten auf den Plan rief. In Rom galt das eherne Gesetz der Politik genauso wie anderswo: Die Bekämpfung eines möglichen Zuwachses an Macht und Prestige bei der Gegenseite ist allemal wichtiger als die Lösung eines Sachproblems.

Doch völlig konnte man die Not der Landbevölkerung nicht ignorieren. Die Bauern bildeten das Rückgrat der Legionen, die nach wie vor anhand der Bürgerliste ausgehoben wurden. In der Epoche der überseeischen Kriege waren die Legionäre teilweise jahrelang von zu Hause abwesend und fielen damit für die heimische Wirtschaft aus. Von der Vorstellung, daß diese Form des Militärdienstes den großen Schub zur Verelendung der Landbevölkerung auslöste, da schwache Frauen die abwesenden Männer nicht ersetzen konnten und der Betrieb aus Mangel an Arbeitskraft zugrunde gehen mußte, sollte man sich allerdings verabschieden: Einmal abgesehen von der borniierten männlichen Fehleinschätzung, Frauen seien mit körperlicher Arbeit schnell überfordert, darf dieser vermutete Zusammenhang vor allem durch neue Einsichten in die Struktur der römischen Familien als widerlegt gelten. Die römischen Männer pflegten erst mit etwa 30 Jahren zu heiraten, die Frauen dagegen schon als Teenager. Die erwachsenen Söhne einer Bauernfamilie lebten also lange bei den Eltern, wo sie sich als Landarbeiter nützlich machten, aber auch ernährt werden mußten. Wenn Legionen ausgehoben wurden, dann kamen vor allem diese Söhne als Rekruten in Frage, und darunter *mußte* die Familienwirtschaft nicht leiden. Eine kleine Bauernstelle konnte auch der Bauer selbst, vielleicht mit einem Sohn, auch mit Frau und Töchtern, hinreichend bewirtschaften, ja es konnte sogar ein Vorteil sein, wenn die Versorgung eines oder auch mehrerer Söhne von der Armee und damit vom römischen Staat übernommen wurde. Die ungeheuer hohe Mobilisierungsquote der Römer, die während des 2. Jh.s des öfteren mehr als 10% der waffenfähigen Männer ins Feld schickten, hat ihre Grundlage in diesen Familienstrukturen und war auch nur deshalb durchzuhalten.

Wenn mehrere Söhne den Militärdienst überlebten und eine eigene Familie gründen wollten, dann war eine Aufteilung des Familienbesitzes bedrohlich für alle. Hier hatte die Kolonisation häufiger eine Alternative geboten, und die fiel nach der erst einmal erreichten Sicherung Italiens aus. Selbst in dem Fall, daß ein Legionär aus einem lukrativen Krieg im Osten mit einer schönen Prämie und ordentlichen Beuteanteilen zurückkehrte, war nicht unbedingt davon auszugehen, daß er sich einfach ein hinreichend großes Landstück kaufen konnte, denn gegen die Konkurrenz der expandierenden reichen Gutsbesitzer, die ganz andere Preise bezahlen und zudem auch Druck ausüben konnten, war der Veteran wahrscheinlich oft machtlos. Daß sich während des 2. Jh.s eine offenbar steigende Zahl von Römern immer wieder freiwillig für den Militärdienst meldete, hing wohl nicht nur damit zusammen, daß die Verlängerung ununterbrochener Dienstzeiten auch eine intensivere Gewöhnung an diese Lebensweise nach sich zog – für einige scheint die Alternative darin bestanden zu haben, als überflüssige Esser im Elternhaus zu hocken. Gegen diese erbärmliche Existenz, in der einem die Geringschätzung des Hoferben, also des ältesten Bruders, und der Nachbarschaft gewiß gewesen sein dürfte, könnte der Dienst in der Legion, gewürzt durch berauschende Siegeserlebnisse und beachtliche Bereicherungschancen, richtiggehend attraktiv gewesen sein – sofern man ihn unbeschadet überstand.

Rom bekam dennoch im Laufe des 2. Jh.s eine Rekrutierungskrise zu spüren, wie daraus hervorgeht, daß sich die Volkstribunen einige Male gegen die Aushebungsbeschlüsse des Senats stemmten und wenigstens großzügigere Ausnahmeregelungen durchsetzten. Bei näherem Hinsehen stellt sich freilich heraus, daß es fast ausschließlich die Kriege in Spanien waren, die den

Bürgern verhaßt waren – verständlicherweise: In Spanien wurde zwischen 154 und 133 heftig gekämpft, und zwar mit erheblichen Verlustraten für die römischen Heere, aber ohne nennenswerte Gewinne. Hohes Lebensrisiko bei geringen Verdienstchancen war natürlich nicht verlockend, während die Einsätze im Osten, wo die Kriege nicht lange zu dauern pflegten und große Beute und Prämien verhießen, meist sehr begehrt waren.

Die römische Armee veränderte sich also im Laufe des 2. Jh.s. Der typische Legionär dürfte nicht mehr der eingezogene Bauernsohn gewesen sein, der widerspruchslos dorthin ging, wohin ihn der Senat in seiner Weisheit schickte, getrieben von Bürgersinn und der Aussicht, ein wenig Beute zu machen und vielleicht einmal als Kolonist eine eigene Bauernstelle zu erhalten, sofern er nicht den Vater beerben konnte. Die langen Kriege, die das ganze Jahr über andauerten und in denen die Soldaten ununterbrochen unter Waffen standen, veränderten die Perspektive. Der Kriegsdienst wurde für eine größere Zahl von Römern zum Beruf, indem sie sich dann, wenn für einen neuen Krieg ausgehoben wurde, freiwillig meldeten. Ihre Erfahrung ermöglichte diesen Berufssoldaten wahrscheinlich häufiger den Aufstieg im militärischen Rang, und die Centurionen, die Führer der kleinsten Gliederungseinheiten der Legion, wurden ein wesentliches Element der Stärke der Gesamtarmee. Daß man diesen Veränderungen und der gesteigerten Bedeutung der Centurionen auch Rechnung trug, zeigt die Verdoppelung ihres Soldes und ihrer Prämien gegenüber jenen der einfachen Soldaten.

Es könnte wesentlich diese angewachsene Zahl von Berufssoldaten gewesen sein, die es den Römern ermöglichte, ihre fast permanente Kriegführung in Übersee, oft gleichzeitig an verschiedenen Schauplätzen, aufrechtzuerhalten, ohne daß ihr Milizsystem zusammenbrach. Doch auf die Dauer ließ sich die Verarmung auf dem Lande nicht übertünchen, zumal sie dadurch, daß es die Gescheiterten und Landlosen bevorzugt nach Rom zog, in der Hauptstadt selbst zu sehen und zu spüren war. Nachdem auch dort in den 130er Jahren der Bauboom abgeebbt war, dürften die Probleme noch massiver geworden sein. Es hatte deshalb eine gewisse Logik, daß einige Senatoren das Ventil wieder öffnen wollten, durch das der soziale Druck seit Jahrhunderten immer wieder abgelassen worden war. Ein neues Programm zur Landverteilung an siedlungswillige Römer wurde also aufgelegt. Dagegen formierte sich allerdings entschlossener Widerstand, geprägt von völlig unrömischer Unbeweglichkeit.

VII. Von den Reformansätzen der Gracchen bis zum Restaurationsversuch Sullas: Das Schwächeln des Konsenssystems und die Krise der Republik

Gleich nach seinem Amtsantritt stellte der Volkstribun Tiberius Sempronius Gracchus – ältester Sohn des gleichnamigen zweimaligen Konsuls, der 179/8 den stabilen Frieden in Spanien ausgehandelt hatte – seinen Gesetzesentwurf für ein großes Ansiedlungsprogramm in der Volksversammlung vor. Daß er den Senat nicht zuvor konsultiert hatte, war ungewöhnlich und deutet darauf hin, daß er sich im Kreise der Honoratioren keine große Unterstützung für seinen Antrag erwartete, obwohl einige führende Senatoren mit ihm kooperierten.

Inhaltlich sah das Gesetz die Verteilung von römischem Staatsland an interessierte Bürger vor. Die Parzellen waren bescheiden dimensioniert, aber immerhin ausreichend zur Ernährung einer Familie. Das Land sollte unveräußerbar sein und formal im Besitz des Staates bleiben. Für die faktische Durchführung der Verteilungen war eine Ackerkommission vorgesehen. Da Tiberius Gracchus und seine Berater natürlich wußten, daß dieses Staatsland nicht brach lag, sondern genutzt wurde und daß die Okkupanten zum Teil beträchtliche Investitionen getätigt hatten, wurde für diese Gruppe eine Entschädigung vorgesehen: 500 *iugera* sollte jeder behalten dürfen, vielleicht sogar zusätzlich noch einmal genausoviel für zwei Kinder, und dieses Land sollte Privateigentum werden und damit für alle Zeiten vor möglichen Rückforderungen des Staates sicher sein.

Daß die Landnutzer, darunter viele Senatoren, gegen dieses Gesetz massiven Widerstand leisteten, macht eines ganz deutlich: Das Staatsland war überwiegend nicht von Kleinbauern, sondern von Großgrundbesitzern besetzt worden, die das Angebot von 500 oder auch 1000 *iugera*, also ca. 125 bzw. 250 ha, für eine Zumutung hielten, was geradezu obszön wirkt, wenn man bedenkt, daß an die Neubauern nur ca. 30 *iugera* pro Familie verteilt werden sollten. Nach erregten Debatten gewann die Opposition der Grundbesitzer einen Volkstribunen namens Marcus Octavius dafür, gegen den Antrag seines Kollegen Tiberius Gracchus ein Veto einzulegen. Das Recht jedes einzelnen Volkstribuns, jede beliebige öffentliche Handlung zu verhindern, bedeutete theoretisch den vollkommenen Stillstand. Die römische *res publica* konnte solch weitreichende Obstruktionsmittel denn auch nur verkraften, weil sie in der Praxis wenig angewandt wurden und es zudem Wege gab, auch nach einem Veto noch zu Lösungen zu kommen. Normalerweise trat man in Gespräche ein, privat und öffentlich, und suchte nach Kompromissen, gegebenenfalls wurde der Antrag zurückgezogen, wenn der Widerstand zu groß war. Als Tiberius Gracchus nach dieser Phase feststellte, daß die Gegenseite sein Gesetz auf keinen Fall hinnehmen würde, gab er das Projekt aber nicht auf, sondern setzte die Abwahl des Octavius in der Volksversammlung durch mit der Begründung, ein Volkstribun, der so offensichtlich gegen die Kerninteressen der *plebs* verstoße, sei gar keiner.

Die Argumentation des Tiberius Gracchus war nicht völlig von der Hand zu weisen, dennoch war diese Absetzung ganz neuartig und in hohem Maße angreifbar. Warum nahm er die damit verbundenen Risiken auf sich? Es war in Rom nicht üblich, sich um einer Sachentscheidung willen mit den führenden Männern anzulegen. Der Zweck der Politik war für die jüngeren Leute der eigene Aufstieg, Überzeugungen standen nicht zur Debatte und nicht zur Wahl, man gruppierte sich nach persönlichen Verbindungen und nicht nach unterschiedlichen Programmen oder gar weltanschaulichen Konzepten. Die offen zur Schau getragene, keineswegs verschleierte Priorität des Persönlichen vor den Sachfragen ist ein wesentliches Merkmal römischer Politik. Von daher war es ganz ungewöhnlich, daß es ein Volkstribun aus bestem Hause, der ja schließlich auf der Karriereleiter noch weiter nach oben klettern wollte, wegen eines Landverteilungsvorschlags mit einer solch mächtigen Opposition aufnahm und sich sogar über etablierte Regeln hinwegsetzte. Tiberius Gracchus hatte dafür persönliche Gründe. Als er als Quaestor 137 beim kommandierenden Konsul Gaius Hostilius Mancinus in Spanien diente, geriet das römische Heer in einen Hinterhalt und mußte sich ergeben. Es war vor allem Tiberius Gracchus, der in den Verhandlungen mit den Numantinern für einen Vertrag bürgte, der als Gegenleistung für den freien Abzug des Heeres günstige Friedensbedingungen einräumte. Als er aber damit im römischen Senat auftrat, wurde der Vertrag nicht akzeptiert. Auch wenn es Tiberius Gracchus erspart blieb, so wie der Konsul Mancinus als Ersatzopfer für den zurückgewiesenen Vertrag an die Numantiner überstellt zu werden, hatte er doch eine schlimme Kränkung erfahren. Daß er im Jahre 133 so stur war, hatte wohl auch damit zu tun, daß für ihn ein zweites Scheitern mit einem ambitionierten Projekt, für das er sich persönlich engagiert hatte, nicht in Frage kam.

Die Absetzung des Octavius löste Empörung aus, zog aber keine direkten Gegenmaßnahmen nach sich, und das Gesetz wurde nunmehr zur Abstimmung gestellt und angenommen. Der Senat duldete die Arbeit der Ackerkommission, aber er blockierte die Ansiedlungen an der Stelle, an der er zuständig war, nämlich bei der Verfügung über die öffentlichen Gelder. Die Neubauern bedurften, um ihr Land bewirtschaften zu können, einer Ausstattung und Grundversorgung für die Anfangszeit, bis die ersten Feldfrüchte geerntet wurden. Doch der Senat verweigerte die dafür nötigen Summen. Als aber Abgesandte aus dem Königreich Pergamon nach Rom kamen, um zu verkünden, der letzte König Attalos III. habe das Reich testamentarisch den Römern vermacht, führte Tiberius Gracchus diese Leute gleich vor die Volksversammlung und ließ dort beschließen, daß das römische Volk die Erbschaft gerne annehme und daß die in der königlichen

Schatzkammer befindlichen Barmittel zur Durchführung des Ansiedlungsprogramms zu verwenden seien.

Der Senat war erneut empört, denn solche außenpolitischen Fragen wurden traditionell im Senat beraten und faktisch auch dort entschieden. Daher war es ein Affront, wenn ein Volkstribun den Senat mit Hilfe des Volkes vor vollendete Tatsachen stellte. Aber noch nahm man die Eigenmächtigkeit des Tiberius Gracchus hin, zumal sich dessen Tribunat langsam dem Ende zuneigte. Da aber begann Tiberius, für seine Wiederwahl zu agitieren. Zu dieser Zeit waren mehrfache Bekleidungen des Volkstribunats ganz unüblich, vor allem aber war es eigentlich untersagt, zwei Amtszeiten unmittelbar aneinanderzureihen. Zwar konnte man immer argumentieren, daß das Volkstribunat primär dem Schutz der *plebs* diente und daß es daher kein Amt wie die anderen war, aber dennoch blieb der Plan des Tiberius anrüchig. Er begründete sein Unterfangen damit, daß er nach der Rückkehr ins Privatleben der Rache seiner Feinde ausgesetzt sein würde.

Genau das war die Idee. Die oppositionellen Senatoren hatten sich bisher mit den Gesetzen des Tiberius Gracchus abgefunden, weil sein Tribunat genau wie alle anderen Ämter in Rom nur ein Jahr dauerte, das man abwarten konnte. Nach Ende der Amtszeit drohten ihm Prozesse, in denen man ihn für seine Regelverstöße zur Rechenschaft gezogen hätte. Wenn er aber die Immunität, die ihm das Tribunat bot, durch eine weitere Amtszeit zu verlängern suchte, konnte man den Prozeß nur aufschieben, und dann wäre möglicherweise das nächste Tribunat gefolgt und dann ein weiteres... Es ist also durchaus nachzuvollziehen, daß viele der Senatoren, die Tiberius Gracchus kritisch gegenüberstanden, nun ihre Zurückhaltung aufgaben und direkt gegen ihn vorgehen wollten. Scipio Nasica war der Wortführer in einer turbulenten Senatssitzung und verlangte, der Konsul Mucius Scaevola solle gegen die Wiederwahlpläne einschreiten, doch Scaevola, Sympathisant des Gracchus und berühmter Jurist, bestand auf der Priorität der Unverletzlichkeit der Volkstribunen als oberstem Prinzip. Daraufhin rief Scipio Nasica aus: «Wer die Gesetze verteidigen will, der möge mir folgen!» Eine Schar von

Senatoren, bewaffnet mit Stuhlbeinen und begleitet von besser ausgerüsteten Bediensteten und Gefolgsleuten, stürmte nun vom Senat in die Volksversammlung, die Tiberius Gracchus gerade abhielt, und erschlug ihn und zahlreiche Anhänger.

Das Jahr 133 gilt allgemein als der Beginn der späten Republik, in der diese Ordnungsform allmählich ihrem Ende entgegenging. Die vorangehende mittlere Republik, die man früher gern die *klassische* genannt hat – mit all den positiven Untertönen, die dieses Etikett auszulösen vermag –, war zwar bei weitem nicht so harmonisch und wohlgeordnet, wie man lange angenommen hat. Doch trotz scharfer innerer Auseinandersetzungen war der politische Mord in dieser Zeit kein Mittel, dessen man bedurft hätte. Seit 133 hatten sich dagegen die Formen des Konfliktaustrags in erschreckender Weise um neue Optionen erweitert, die nie wieder so ganz aus der Welt geschafft werden konnten. Der unmittelbare Anlaß dafür lag in einer grundsätzlichen Kontroverse, bei der keine Seite nachzugeben bereit war. Auf diesen Typus von Spaltung war die römische Republik mit ihren institutionellen Strukturen schlecht eingerichtet. Es war nicht vorgesehen, daß sich Gruppierungen stabil zusammenfanden und auf einer Sache beharrten. Es gab auch keine Möglichkeit, den Konflikt durch eine Mehrheitsentscheidung zu bewältigen, denn es wurde kein Parlament und keine Regierung mit einer längeren Legislaturperiode installiert, die Magistrate wählte man nach persönlichem Ansehen und nicht nach politischer Couleur, die Amtsinhaber konnten sich leicht gegenseitig blockieren, und selbst wenn das nicht geschah, konnte man im nächsten Jahr mit neuen Beamten das Gegenteil von dem beschließen lassen, was im vorangegangenen Jahr festgelegt worden war. In diesem System nicht aufeinander abgestimmter Vollmachten und Handlungsmöglichkeiten ließ sich nur Politik treiben, wenn man beweglich blieb und nicht allzu sehr auf seinen Vorschlägen und Wünschen insistierte, sondern zur Herstellung von Konsens bereit war. Wenn man sich das vergegenwärtigt, muß man sich eigentlich nicht darüber wundern, daß ein solcher Kompromiß 133 nicht mehr gelang, sondern eher darüber, daß es so lange einigermaßen gut gegangen war.

Mit dem Eklat von 133 hat die Verarmung vieler Römer und
ihr Interesse an einer Bauernstelle nur am Rande zu tun. Damit
soll nicht herzlos die Not der einfachen Leute beiseite geschoben werden, doch war es allem Anschein nach nicht das soziale
Gewissen, das Tiberius Gracchus auf seinem Ansiedlungsgesetz
bestehen ließ, sondern sein gekränktes Ego. Daß aber die senatorischen Großgrundbesitzer nicht einsahen, daß sie ohne eine
gewisse Bereitschaft zur Umverteilung den Zusammenhalt der
Bürgerschaft riskierten und einzelnen Mitgliedern ihrer eigenen
Gruppe ein Anhängerpotential in die Arme trieben, mit dem
sich kurzzeitig gegen den Senat und seine Drahtzieher Politik
machen ließ, offenbart eine Kurzsichtigkeit, die wahrscheinlich
nicht allein auf borniete Klassenarroganz zurückzuführen ist.
Vermutlich hatten die teilungsunwilligen Grundbesitzer nicht
nur das Gefühl, daß der Status quo ihrem Verdienst entspreche
und jede Änderung zu ihren Lasten ungerecht sei, sondern sie
dürften auch geglaubt haben, daß sie sich den Verzicht auf diese
zusätzlichen Einnahmequellen nicht leisten konnten: Die Verteuerung ihrer Karriere war nur mit einem höheren Vermögensstand zu verkraften, und so konnte eine Minderung in der Weise
statusbedrohend sein, daß man bei den Bewerbungen gar nicht
mehr mithalten konnte. Wenn diese Veränderungen in den
Wahlkämpfen zu den Rückwirkungen des Weltreichs gehörten,
so galt das wohl auch für die sture Unbeweglichkeit der Senatoren im Verteilungskonflikt.

Zehn Jahre nach seinem Bruder wurde Gaius Sempronius
Gracchus 123 Volkstribun, und jeder wußte, daß er nach den
Normen der römischen Familiensolidarität geradezu verpflichtet war, seinen Bruder zu rehabilitieren. Daß Gaius also in dessen Fußstapfen trat, war alles andere als überraschend. Doch
Gaius hatte auch aus dem Schicksal des Tiberius gelernt. Nicht
nur brachte er zu Anfang seines Tribunats gleich ein Gesetz
durch, welches das Recht eines jeden Bürgers auf einen Prozeß vor dem Volke einschärfte, sondern er legte sein Reformpro-
gramm viel breiter an, so daß das Ansiedlungsgesetz nur ein Element unter vielen darstellte. Die Funktion der Geschworenen,
die bisher die Senatoren versehen hatten, übertrug er den Ange-

hörigen des Ritterstandes, also der Schicht der Vermögenden, die nicht im Senat saßen. Das war vor allem deshalb brisant, weil vor diesen Gerichten in erster Linie die Vergehen von senatorischen Provinzstatthaltern verhandelt wurden, die sich nun nicht mehr auf die Wirksamkeit der Regel verlassen konnten, daß eine Krähe der anderen kein Auge aushackt. Zur Verbesserung der Lage der stadtrömischen Bevölkerung brachte Gaius Gracchus ein Getreidegesetz durch, das jeden Bürger Roms berechtigte, einmal im Monat eine Getreideration zu einem subventionierten Fixpreis zu beziehen. Die Differenz zum Marktpreis trug die Staatskasse, auf die damit eine erhebliche Belastung zukam.

Gaius Gracchus führte in seinen beiden Volkstribunaten 123 und 122 – die Bekleidung mehrerer Tribunate im Anschluß aneinander war inzwischen akzeptiert – ein umfassendes Gesetzgebungswerk durch, das alle Bereiche des Staatswesens umfaßte. Damit bediente er auch die Wünsche verschiedener Interessengruppen, etwa indem er den Ritterstand mit dem Gerichtsgesetz aufwertete oder die Not des Stadtvolks mit dem Getreidegesetz linderte. Man hat deshalb darüber nachgedacht, ob denn Gaius wirklich ein Reformer war oder nur ein Gefälligkeitspolitiker, ob er also uneigennützig das Wohl des Gemeinwesens zu heben beabsichtigte oder ob er nur seinen Anhang verbreitern wollte. Doch ist dies eine völlig weltfremde Alternative. Gute Politik ist für die Allgemeinheit wie für den Politiker von Vorteil, oder anders gesagt: Man kann von einem Politiker nicht ernsthaft erwarten, daß er sich regelmäßig selbst schadet, um dem Ganzen zu nützen. Das unbestreitbare Faktum, daß Gaius Gracchus durch seine Gesetze auch Menschen für sich einnahm, spricht nicht gegen eine Perspektive, die das Gemeinwesen im Blick hatte. Tatsächlich war er der erste Römer, bei dem wir so etwas wie eine umfassendere Vorstellung von der Neuordnung des Staates erkennen können, und es hat nach ihm nicht mehr viele gegeben, was wesentlich auch damit zusammenhängt, daß die römische Grundhaltung, daß die Ideale in der Vergangenheit schon verwirklicht waren und man nur an ihnen festzuhalten habe, eine grundsätzlichere Reflektion über Reformen nicht gerade nahelegte.

Daß auch Gaius Gracchus am Ende scheiterte, lag einmal mehr an den Ansiedlungsbemühungen und an dem gegen diese gerichteten Widerstand. Gaius hatte die überseeische Kolonisation betrieben – wesentlich in der Erkenntnis, daß in Italien nicht mehr viel Land zu verteilen und die Opposition schwer zu überwinden war. Doch auch gegen die Kolonien in Nordafrika, vor allem gegen die Siedlung auf dem Territorium Karthagos, das nach der Zerstörung rituell verflucht worden war, bestanden starke Vorbehalte, vermutlich deshalb, weil solche Kolonien ihren Stiftern, denen die Kolonisten treu anzuhängen pflegten, einen schwer kontrollierbaren Einfluß im römischen Reich einräumten. Als sich Gaius Gracchus 122 in Nordafrika um die praktische Umsetzung kümmerte, nutzte sein Tribunatskollege Marcus Livius Drusus die Chance zur Propagierung eines ganz neuen Programms: Man solle doch in Italien kolonisieren, das Land sei da, zwölf Kolonien seien kein Problem, niemand müsse Italien verlassen und über das Meer auswandern. Daß solche Töne beim Volk gut ankamen, ist nachvollziehbar, und so zog Drusus dem Gaius Gracchus den Anhang ab. Es handelte sich aber bei dieser Politik um reine Konkurrenzdemagogie, und nachdem die erneute Wiederwahl des Gaius zum Volkstribunen verhindert worden war, hörte man nichts mehr von den italischen Kolonien. Die Gruppe der Ansiedlungsgegner hatte Gaius Gracchus mit einer perfiden Strategie das Wasser abgegraben. Als sich dann 121 abzeichnete, daß die schon angelaufene Kolonisation in Nordafrika wieder gestoppt werden sollte, ließ sich Gaius Gracchus zu einer Verzweiflungstat hinreißen und verschanzte sich mit seinen verbliebenen Anhängern auf dem Aventin. In dieser Lage erfand der Senat ein neues Notstandsrecht und erließ das sogenannte *senatus consultum ultimum*, den äußersten Senatsbeschluß, mit dem die Konsuln aufgerufen wurden, alles zu tun, was nötig sei, damit die *res publica* keinen Schaden erleide. Konkret hieß das, daß der Konsul Gaius Opimius mit Truppen gegen Gaius Gracchus vorging. In dem ungleichen Kampf wurde Gaius Gracchus zusammen mit vielen seiner Getreuen niedergemetzelt.

Im Schicksal der Gracchen manifestierte sich die deutlich härtere Gangart bei inneren Auseinandersetzungen, die jetzt bis zum Tod der Protagonisten getrieben wurden. Damit schuf man zum einen Märtyrer und Identifikationsfiguren, an die spätere Verfechter eines Anti-Establishment-Kurses immer wieder anknüpften. Daß es nicht gelungen war, die Kontroversen in der Sache zu Kompromissen zu bringen, wirkte dauerhaft fort. Auch künftig war die Einigungsfähigkeit begrenzt, und die Bereitschaft, zur Gewalt zu greifen, nahm weiter zu – nicht kontinuierlich, sondern eher in Schüben.

Die Weltmacht Rom wurde ab 112 mit einem Problem konfrontiert, bei dem das Konfliktpotential zwischen den Interessen des Gemeinwesens und denen der einzelnen Politiker besonders deutlich zutage trat. Darauf ist zumindest die Darstellung des Historikers Sallust orientiert, der rund 80 Jahre später den Krieg der Römer gegen Jugurtha, den König des nordafrikanischen Numiderreiches, zum Gegenstand einer historischen Monographie machte, der wir unsere Kenntnisse über diese Ereignisse weitestgehend verdanken. Sallust malt ein Schreckensbild der nahezu universellen Bestechlichkeit römischer Senatoren, die Jugurtha erkennt und für sich ausnutzt, um ein konsequentes Durchgreifen der Römer gegen seine völlig rechtswidrige, mit Mord und Totschlag operierende Expansionspolitik zu verhindern. Selbst wenn bei Sallust manches übertrieben sein dürfte, um seiner Kernthese von der moralischen Verkommenheit der Führungsschicht und ihrer unstillbaren Habsucht Durchschlagskraft zu verleihen, so ist doch zweifellos nicht alles einfach aus der Luft gegriffen. Dabei ist zu beachten, daß die Senatoren nicht allein durch nackte Gier getrieben waren, sondern daß sie unter erheblichem Druck standen, um ihre Karrieren bzw. die ihrer Söhne zu finanzieren. Eine gewisse Empfänglichkeit für großzügige Geschenke war da eine geradezu natürliche Reaktion auf den immensen Geldbedarf.

111 entschloß man sich aber doch zum Krieg gegen Jugurtha, nachdem dieser reihenweise römische Kaufleute umgebracht hatte. Die Kriegführung, die zunächst schleppend und wenig erfolgreich verlief, wurde zielstrebiger, als 109 der Konsul Quintus Caecilius Metellus, der später den Beinamen Numidicus führte, das Kommando übernahm. Daß ihn 107 sein ehemaliger

Legat Gaius Marius, inzwischen zum Konsul gewählt, in dieser Position ablöste und dann so tat, als habe man den Sieg nur ihm zu verdanken, stellte für Metellus eine schwere Kränkung dar. Doch Marius erntete ungerührt die Früchte der römischen Anstrengungen, die unter Metellus begonnen hatten, und brachte den Krieg 105 zu einem Ende, als es seinem Quaestor Lucius Cornelius Sulla gelang, Jugurtha in die Hände zu bekommen. Der neue Mann Marius, der aus einer nicht-senatorischen Familie stammte und vor allem durch langjährigen Militärdienst langsam aufgestiegen war, galt nun als der beste Kommandeur, den Rom aufzubieten hatte.

Es war daher nur folgerichtig, daß Marius für 104 – und dann für jedes weitere Jahr bis 100 – zum Konsul gewählt und mit der Behebung der Germanen-Krise beauftragt wurde, die die Römer mittlerweile in Angst und Schrecken versetzte. Kimbern und Teutonen hatten aus nach wie vor ungeklärten Gründen ihre Wohnsitze an der Nordseeküste verlassen und waren auf der Suche nach neuem Siedlungsraum mit Kind und Kegel nach Süden marschiert. 113 brachten sie den Römern eine erste Niederlage bei, aber erst die schwere Niederlage in der Schlacht bei Arausio (Orange) 105 machte der italischen Weltmacht das Ausmaß der Bedrohung deutlich.

Der befürchtete Vorstoß nach Italien blieb aus, aber die Römer wußten nun, daß sie eine starke Armee und einen fähigen Feldherrn benötigten, um die Germanen aufzuhalten, falls sie wiederkämen, und da bot es sich an, Marius mit der Aufgabe zu betrauen. Wie zu befürchten war, kehrten Kimbern und Teutonen wieder nach Südgallien zurück. Sie machten den Fehler, sich zu trennen, so daß die Römer zunächst 102 die Teutonen bei Aquae Sextiae (Aix-en-Provence) stellen und vernichtend schlagen konnten. Der siegreiche Kommandeur Marius eilte mit seiner Armee weiter nach Oberitalien, wo er 101 gemeinsam mit seinem Mitconsul Quintus Lutatius Catulus bei Vercellae (in der Nähe von Rovigo) über die Kimbern siegte. Die Gefahr war gebannt, und Marius war auf dem Höhepunkt seiner Popularität angelangt.

Die beiden Jahre vor der Kimbernrückkehr hatte Marius genutzt, um das Heer zu drillen und auf die schwere Aufgabe vorzubereiten, und man spricht in diesem Kontext gern von der Heeresreform des Marius. Tatsächlich ist die Zahl seiner eigenen Neuerungen in Taktik und Ausbildung nicht bedeutsam, aber er scheint ältere Ansätze systematisiert zu haben. Die Hauptänderung, die man Marius immer zuschreibt, betrifft die Rekrutierung: Marius habe schon für den Jugurthinischen Krieg die alte Regel suspendiert, daß nur ein Bürger, der über ein gewisses Mindestvermögen etwa im Wert einer kleinen Bauernstelle verfügte, befugt und verpflichtet sei, in der Armee zu dienen. Statt dessen habe Marius ohne Unterschied auch Besitzlose in seine Truppe aufgenommen. Die Folge sei gewesen, daß diese Soldaten nach der Entlassung über nichts verfügten, zu dem sie hätten zurückkehren können, so daß – so sieht es die moderne Forschung zumeist – ein Anspruch auf Veteranenversorgung entstanden sei, der die Republik überfordert habe. Doch muß dagegen eingewandt werden, daß in Notfällen auch schon früher Vermögenslose eingezogen worden waren, ohne daß dies dem römischen Staat eine Reihe von Versorgungsfällen beschert hätte, und außerdem lag Sozialpolitik den römischen Senatoren fern, so daß sich in ihrer Wahrnehmung aus dem Dienst in der Legion keineswegs eine natürliche Forderung auf eine wirtschaftliche Sicherung danach ergab. Es ist ein modernes Mißverständnis, diese Koppelung für naheliegend zu halten. Wenn also damals Veteranen abgefunden wurden, dann war das ein Schritt, der nicht aus dem möglichen Fehlen des Mindestvermögens unmittelbar folgte. Auch die Vorstellung, Marius habe aus einem Milizheer eine Berufsarmee gemacht, ist verschroben – zwar war die Freiwilligenwerbung weiter auf dem Vormarsch, aber das war sie schon das ganze 2. Jh. hindurch gewesen, und die Dienstzeiten wurden erst von Augustus fest geregelt.

Doch unbestreitbar sind für Soldaten des Marius Landverteilungen vorgenommen worden. Bereits im Jahre 103 hatte der Volkstribun Lucius Appuleius Saturninus, der sich aufgrund einer persönlichen Kränkung ohnehin am Senat rächen wollte, die Ansiedlung von Veteranen in Nordafrika gesetzlich beschließen lassen, und im Jahre 100, als die Kimbernarmee entlassen worden war, hatte Appuleius erneut das Volkstribunat inne. Ein weiteres Ansiedlungsgesetz wurde paraphiert und gegen erheblichen Widerstand durchgedrückt.

Daß alle Ansätze zur Veteranenversorgung auf so massive Proteste des Senats stießen, hat sicher mehrere Gründe. Man sollte wohl nicht völlig in Abrede stellen, daß sich die Senatoren Sorgen um die Staatskasse machten, aus der ja, selbst wenn das Land irgendwo zur Verfügung stand, eventuelle Entschädigungen und die Ausstattungen der Siedler zu finanzieren waren. Aber wichtiger war zweifellos die machtpolitische Konsequenz, daß die Veteranen ihrem Feldherrn und dem assistierenden Volkstribunen, die das Gesetz durchgesetzt hatten, auf ewig verpflichtet waren und der Feldherr so eine weitere Einflußsteigerung erfuhr, die seinen Konkurrenten nicht genehm sein konnte. Doch eine gewisse Engstirnigkeit ist ebenfalls zu konstatieren, etwa wenn man an die Möglichkeit überseeischer Ansiedlung denkt, die doch eine Form des Anhangs produzierte, die in der römischen Innenpolitik kaum zu spüren war, da die Clienten nicht für Abstimmungen nach Rom kommen konnten.

Die Euphorie des Marius dürfte schnell verflogen sein. Sein Allianzpartner Appuleius Saturninus hatte sich einige handfeste Herren engagiert und beherrschte die politische Szene der Stadt mit Gewalt. Verschiedene Gesetze wurden im wahrsten Sinne des Wortes durchgeknüppelt, und schließlich agitierte Saturninus gemeinsam mit dem Praetor Gaius Servilius Glaucia dafür, daß Glaucia regelwidrig unmittelbar aus der Praetur heraus ins Konsulat gewählt werden sollte. Der Wahlkampf eskalierte, und schließlich wurde ein Bewerber von den Garden des Saturninus erschlagen. Der Senat diagnostizierte, daß es so nicht weitergehen könne, und erließ wieder das *senatus consultum ultimum*. Der Konsul Marius fand sich plötzlich in der Rolle des Vollstreckers wieder und ließ Saturninus, Glaucia und ihre Helfer von seinen Truppen niedermachen. Der Aufsteiger Marius, der so gerne von den adelsstolzen Senatoren als einer der Ihren akzeptiert werden wollte, hatte sich brav als Erfüllungsgehilfe des Senats betätigt, aber die Gewaltaktion gegen seine ehemaligen Mitstreiter trug ihm nirgendwo Ansehen ein. Gerne zog er sich daher 99 mit einem diplomatischen Auftrag ins ferne Anatolien zurück.

Nachdem die Römer die schweren außenpolitischen Gefährdungen des Kimbern- und Teutonenzuges und die innenpolitischen Gewaltorgien des Saturninus überstanden hatten, zog bald eine neue Krise herauf, die noch weitaus bedrohlicher war. Die Unzufriedenheit der italischen Bundesgenossen hatte sich immer mehr gesteigert, so daß die Lage langsam brisant wurde. Die Gründe sind gleichermaßen vielfältig wie umstritten. Lange Zeit sah man die Entwicklung des römischen Italien durch die Brille der nationalen Einigungsprozesse des 19. Jh.s und konstatierte einen zunehmenden Angleichungsprozeß an Rom, in dessen Logik es gelegen habe, daß die Bundesgenossen auf die volle Aufnahme in das römische Gemeinwesen gedrängt hätten. Inzwischen weiß man aber, daß die kulturelle Vielfalt Italiens im 2. Jh. keineswegs schon so eingeebnet war, daß jedes Sonderbewußtsein der italischen Städte und Stämme verloren gegangen wäre und man sich nur noch danach gesehnt hätte, endlich Römer zu werden. Vielmehr scheinen die Konflikte zunächst durch die ungleiche Verteilung der Lasten und Gewinne angeheizt worden zu sein, denn die Bundesgenossen stellten für die überseeischen Kriege der Römer im Schnitt mehr als die Hälfte der Soldaten und wurden auch bei der Vergabe von Prämien und Beute meist angemessen berücksichtigt, partizipierten aber natürlich nicht an den Tributen, die sich die römische *res publica* einverleibte. Eine Rolle spielte wohl auch die Arroganz der Macht, von der römische Funktionsträger des öfteren gezeichnet waren, so daß sie sich gegenüber Gemeinden der Bundesgenossen Übergriffe leisteten. Das machte selbst dann böses Blut, wenn der konkrete Schaden bescheiden war. Vor allem aber gerieten die Bundesgenossen durch die neuen Landverteilungsprojekte der Gracchenzeit unter Druck, da sie zu den Okkupatoren und Nutzern des öffentlichen Landes gehörten, aber nicht zu den Profiteuren von Entschädigungen oder Zuweisungen. Ihre Zurücksetzung und das Risiko, zwischen den innerrömischen Interessen zerrieben zu werden, wurden ihnen schlagartig klar, und so scheinen sie eine gewisse Lobbyarbeit in Rom begonnen zu haben. Die Gracchen und ihre Helfer nahmen das Problem ernst und bereiteten Einbürgerungsgesetze vor, so daß die Bundesgenossen den Bürgerstatus erlangt hätten und folglich in ihren Rechten gleichgestellt worden wären. Doch diese Initiativen wurden nicht realisiert, und als 91 der Volkstribun Marcus Livius Drusus, der Sohn des gleichnamigen Tribunen der Gracchenzeit, ein breiter angelegtes Programm zur Staatsreform präsentierte, gehörte auch ein neuer Antrag zur Aufnahme der Bundesgenossen in den römischen Bürgerverband dazu, der ihnen sein Ackerverteilungsgesetz erträglicher machen sollte. Doch die Gesetze wurden in den innenpolitischen Kämpfen zerrieben und am Ende sogar wegen Formverstößen kassiert, Drusus selbst wurde ermordet, ohne daß man wüßte, wer oder was hinter dieser Gewalttat stand. Wichtige Vertreter der Italiker, die mit Drusus kooperiert hatten, zogen enttäuscht aus Rom ab. Daß es bei den Bundesgenossen gärte, fiel nun sogar dem Senat auf, der verschiedene Amtsinhaber und Männer mit guten Verbindungen zu den einzelnen Stämmen und Zentren sandte. Doch ein gewisser Quintus Servilius meinte, in Asculum im Picenerland mit wüsten Drohungen für Ruhe sorgen zu können. Er hatte nicht viel Zeit, diesen taktischen Fehler zu bereuen. Die Bürger von Asculum erschlugen ihn und seine Begleiter auf der Stelle und gleich dazu auch noch sämtliche Römer, die sich zufällig in der Stadt aufhielten. Der Bundesgenossenkrieg war ausgebrochen.

Die Ziele der Bundesgenossen, die sofort ein eigenes Gemeinwesen mit Institutionen konstituierten, waren auf die Vernichtung Roms oder jedenfalls die Beendigung der römischen Herrschaft ausgerichtet. In den erbitterten Kämpfen gerieten die Römer an den Rand einer Niederlage, bis sie sich 89/88 dann doch durchsetzten. Hilfreich war dabei zweifellos ihre plötzlich entdeckte Flexibilität – hatten sie es doch schon ziemlich zu Beginn des Krieges geschafft, durch ein Bürgerrechtsangebot an diejenigen, die ihnen treu blieben, die Unruhe vor allem in Etrurien abzumildern und den Abfall mancher Allianzpartner zu verhindern. Bald darauf wurde dann auch den Friedenswilligen der Eintritt in den römischen Bürgerverband ermöglicht, und das Ergebnis des Krieges war schließlich die Einbürgerung ganz Italiens südlich des Po.

Die schweren Erschütterungen der Machtbasis Roms und die Fesselung seiner Militärmacht in der Heimat hatte Mithradates VI. Eupator – ein ambitionierter König, dessen Machtzentrum in Pontos am Südostufer des Schwarzen Meeres lag – für eine Attacke gegen die römischen Interessen im östlichen Mittelmeerraum genutzt. Mit seiner Befreiungspropaganda war er bei den Griechen Kleinasiens und selbst Griechenlands gut angekommen, was deren Desillusionierung unter römischer Herrschaft hinreichend verdeutlicht. Nach ersten militärischen Erfolgen wurden 88 an einem einzigen Tag alle Römer, die sich in Kleinasien befanden, auf Befehl des Königs getötet; angeblich sollen es mehr als 80 000 gewesen sein. Es war klar, daß die Römer den Zusammenbruch ihrer Dominanz im östlichen Mittelmeerraum nicht einfach hinnehmen konnten, und so wurde 88, als der Bundesgenossenkrieg weitestgehend zu Ende gebracht war, die Entsendung eines Heeres vorbereitet, das Lucius Cornelius Sulla, einer der Konsuln des Jahres, in den Osten führen sollte. Doch dieses Jahr war auch innenpolitisch turbulent, denn der Volkstribun Sulpicius Rufus betrieb die Einschreibung der Bundesgenossen in alle 35 Tribus, die ursprünglich regionalen Untereinheiten der Bürgerliste, während andere die Aufschwemmung nur weniger Tribus mit den Neubürgern präferierten. Diese Entscheidung war insofern politisch brisant, als die Volksversammlungen wesentlich nach Tribus unterteilt waren und so die Reduzierung der Neubürger auf wenige Tribus ihren Einfluß bei den Abstimmungen erheblich begrenzt hätte. In den teilweise gewalttätigen Auseinandersetzungen exponierte sich der Konsul Sulla als Gegner der Politik des Sulpicius, und als Sulla dann schon bei seinen Truppen stand, nutzte Sulpicius die Chance, einen einflußreichen neuen Partner für sein Neubürgergesetz zu gewinnen, und übertrug das Kommando gegen Mithradates an den alten Haudegen Marius, der sehnsüchtig auf eine Chance zu neuerlicher Bewährung wartete.

Was dann geschah, war ein Tabubruch, der als Option nie wieder aus dem Arsenal der Konfliktlösungsformen der Republik

getilgt werden konnte: Als Sulla davon erfuhr, daß er seines Kommandos enthoben war, trat er vor seine Soldaten, erläuterte ihnen
die Ungerechtigkeit seiner Ablösung und stellte ihnen vor Augen,
daß der neue Befehlshaber andere Truppen in die beutereichen
Regionen Kleinasiens mitnehmen werde. Die Soldaten bestürm-
ten daraufhin ihren Feldherrn, er möge mit ihnen nach Rom ziehen, um die Entscheidung zu revidieren. Sulla soll von allen Offi-
zieren bis auf einen verlassen worden sein, aber die Soldaten
waren bereit, gegen die eigene Hauptstadt zu marschieren, wo
sich Sulla schnell durchsetzte und einige Führungspersönlich-
keiten der Gegenseite, darunter Sulpicius Rufus und Marius, für
vogelfrei erklärte. Sulpicius wurde auf der Flucht getötet, Marius
konnte zu seinen Veteranen nach Afrika entkommen.

Es ist unbestreitbar, daß die Übertragung des Oberbefehls auf
Marius ganz gegen die Tradition war, nach der im Krieg ein amtierender Konsul wie Sulla zu kommandieren pflegte. Daß sich
Sulla also betrogen fühlte, ist nachvollziehbar. Dennoch bedeutet es noch einmal einen gewaltigen Schritt, in Reaktion auf
diese Kränkung und aus dem eigenen Bewußtsein heraus, im
Recht zu sein, mit Truppen gegen Rom zu ziehen und die Ange-
legenheiten dort unter Rückgriff auf militärisches Potential im
eigenen Sinne zu ordnen. Der politische Raum in der Stadt war
stets entmilitarisiert gewesen, es gab nicht einmal eine Polizei,
und selbst wenn die Auseinandersetzungen gelegentlich einmal
bis zu Tätlichkeiten eskalierten, war es doch ein hohes, allgemein respektiertes Gut, daß in der Stadt nicht einfach ein Kommandeur mit Truppen aufmarschierte. Daß sich Sullas Soldaten
dafür hergaben, zeigt die tiefgreifende Veränderung des römischen Heeres an. Wer jetzt in der Armee diente, war nicht mehr
nur ein Bauernsohn, der seine Pflicht für das Vaterland tat, sondern ein Mann, dem die politischen Traditionen nicht so sehr
viel bedeuteten, da er den Kriegsdienst vor allem als Erwerbs-
möglichkeit betrachtete und daher seine Chancen, einen ordentlichen Schnitt zu machen, sorgsam kalkulierte. Der Berufssoldat
dieser Prägung war von einem geschickten und bei der Truppe
angesehenen Kommandeur wie Sulla sehr vielseitig einsetzbar –
eben auch für einen Zug gegen Rom.

Nach kurzer Neuordnung brach Sulla mit seinem Heer dann tatsächlich zum Krieg in den Osten auf, doch erwies sich die Stabilisierung, um die er sich in Rom bemüht hatte, als äußerst kurzlebig. Die beiden Konsuln von 87 lieferten sich erbitterte Kämpfe über die Neubürgerfrage, der zunächst vertriebene, Lucius Cornelius Cinna, zeigte sofort, daß er Sullas Beispiel verstanden hatte, mobilisierte ebenfalls Truppen zur Wiedereinsetzung in seine angestammten Rechte und verband sich dabei mit Marius, der jetzt mit einer Privatarmee zurückkehrte. In Kämpfen vor den Toren Roms siegten Cinna und Marius und nahmen die Stadt ein. Vor allem der verbitterte Marius, im Jahre 86 zum siebten Mal Konsul gemeinsam mit Cinna, tat sich bei den furchtbaren Racheakten gegen politische Gegner hervor, verstarb aber bald. Cinna beendete das Blutbad und errichtete mit einer kleinen Gruppe von Parteigängern ein Regime, in dem das Konsulat nur von den eigenen Leuten bekleidet wurde. Der offene Wettbewerb um die Ämter war in dieser Zeit kanalisiert durch die Macht Cinnas und weniger anderer; viele Senatoren zogen sich aus der Politik zurück. Sulla wurde geächtet, was er natürlich nicht akzeptierte. Die Cinnaner schickten nun ein eigenes Heer gegen Mithradates, und der Welt des Ostens bot sich das bizarre Schauspiel, daß die Römer mit zwei konkurrierenden Armeen gegen den König von Pontos Krieg führten. Die innere Spaltung Roms führte dazu, daß Sulla nach einigen Erfolgen mit Mithradates 85 einen Frieden schloß, in dem der König glimpflich davonkam. Sulla hatte keine Zeit, sich lange in Anatolien oder sonstwo einzugraben, er wollte und mußte zurück nach Rom, um für seine eigene politische Zukunft zu kämpfen.

83 begann die Invasion Sullas in Italien, und gleich stellte sich ihm eine Reihe von Opponenten gegen die Herrschaft der Cinnaner – Cinna selbst war schon 84 bei einer Truppenmeuterei ums Leben gekommen – zur Verfügung. Dem sullanischen Heer und seiner souveränen Führung waren die Gegner nicht gewachsen, 82 stand Sulla vor Rom und schlug die letzten Truppen der Gegner in der Schlacht an der Porta Collina, einem der Stadttore Roms.

Als der Senat vor der geheiligten Stadtgrenze im Bellonatempel tagte und Sulla ihm nahebrachte, daß er die geeignete Persönlichkeit sei, um die dringend erforderliche Neuordnung des Staates durchzuführen, wurden die hohen Herrschaften etwas abgelenkt durch das verzweifelte Geschrei der ca. 6000 Samniten, die Sulla gleichzeitig auf dem nahegelegenen Marsfeld als Strafe für ihre Parteinahme im Bürgerkrieg abschlachten ließ. Wer von den Senatoren noch nicht wußte, mit wem er es zu tun hatte, der begriff es jetzt sehr schnell. Eilfertig stellte der Senat daher die Weichen für die Ernennung Sullas zum Dictator zur Befestigung der *res publica*, und die Amtszeit sollte so lange andauern, bis Sulla seine Aufgabe als erfüllt betrachtete.

Sulla hatte nie einen Hehl daraus gemacht, daß er sich an seinen Feinden rächen werde, und jetzt war der Moment gekommen. Zu seinen ersten Maßnahmen gehörten die Proscriptionen, also der öffentliche Aushang von Listen mit Namen von Männern, die damit zu Staatsfeinden erklärt wurden und straflos getötet werden konnten. Dieser Verfolgung sollen ca. 4700 Römer, darunter etwa 2000 Senatoren und Ritter, zum Opfer gefallen sein, und da zur Strafe ganz selbstverständlich der Verlust des Vermögens gehörte, sollen viele auf die Liste geraten sein, bloß um ihre Güter einziehen zu können. Die Verpflichtungen Sullas waren hoch, denn er hatte seinen Soldaten, die mit ihm zweimal gegen die Organe der *res publica* marschiert waren, Ansiedlungen in Italien versprochen und mußte dafür gnadenlos Land konfiszieren.

Neben diesen brutalen Zwangsmaßnahmen führte Sulla allerdings auch eine recht weitreichende Staatsreform durch, die offenkundig auf einer schonungslosen Analyse der Verhältnisse basiert und einen sicheren Blick für Steuerungsinstrumente verrät, wie er in Rom seinesgleichen sucht. Sullas Ziel war es, den Senat wieder zum Zentrum der Politik zu machen. Dazu reduzierte er die Handlungsmöglichkeiten der Volkstribune radikal. Künftig sollten sie nur noch Gesetzesanträge vor die Volksversammlung bringen dürfen, denen der Senat vorher zugestimmt hatte. Auch war ihr Vetorecht auf Fälle der Hilfeleistung für einzelne Bürger reduziert, die überhaupt wieder im Zentrum ihrer Aufmerksamkeit stehen sollte. Schließlich machte Sulla das Volkstribunat zu einer Sackgasse in der Karriere durch die Festsetzung, daß niemand nach dem Volkstribunat noch ein anderes Amt bekleiden sollte. Das Tribunat wurde damit für die Angehörigen der politischen Führungsschicht, die schon gerne einmal als Volkstribune das Establishment piesackten, aber natürlich weitergehende Ambitionen besaßen, völlig uninteressant.

Den Senat selbst vergrößerte Sulla beträchtlich. In den Bürgerkriegen waren viele Senatoren ums Leben gekommen, so daß ohnehin eine Senatsergänzung großen Stils anstand, doch Sulla ließ nun Hunderte von Männern vor allem aus dem Ritterstand nachrücken. Die Geschworenenbänke, die mehrfach zwischen Rittern und Senatoren hin- und hergewechselt waren, kamen nun wieder an die Senatoren. Mit großen Strafgesetzen bemühte sich Sulla um Klärung von Delikten und Sanktionen und richtete feste Geschworenengerichtshöfe ein, vor denen die einschlägigen Anklagen verhandelt wurden. An der Spitze dieser Gerichtshöfe standen Praetoren, deren Zahl deshalb von sechs auf acht erhöht wurde. Die Quaestorenstellen wurden auf 20 vermehrt, und jeder, der Quaestor gewesen war, wurde danach automatisch in den Senat aufgenommen, so daß die Zahl der Senatoren mittelfristig von ehemals ca. 300 auf ca. 600 anwuchs.

Da nunmehr die Praetoren während ihres Amtsjahrs als Gerichtspräsidenten in Rom gebunden waren, konnten sie nicht gleichzeitig als Statthalter fungieren, weshalb es seit den Reformen Sullas Standard wurde, sie nach dem Amtsjahr als Prokonsuln – also an Stelle eines Konsuls – in eine Provinz zu schicken. Auch die Konsuln scheinen nun öfter als früher ihr Amtsjahr in Rom verbracht zu haben, aber hier waren die Regeln sehr flexibel.

Die sullanischen Reformen waren durchaus klug durchdacht, selbst wenn sie am Ende scheiterten. Die Gründe sind, wie immer, vielfältig. Ein wesentlicher Faktor war sicherlich, daß der neue Senat nicht richtig funktionierte. Das Gremium bedurfte der Binnenintegration durch die Kommunikationstätigkeit der obersten Rangklasse, der ehemaligen Konsuln. Davon waren aber nur noch einige wenige übrig, die mit der Pflege der Kontakte und dem Schmieden stabiler Mehrheiten bei der Masse von Neulingen überfordert waren. Zudem gab es in der römischen Gesellschaft keine Akzeptanz für die Beschneidung des Volkstribunats, dessen alte Vollmachten nach und nach wiederhergestellt wurden. Selbst viele Senatoren scheinen die radikale Abweichung von der Tradition, die Sulla mit seinen Eingriffen in die Kompetenzen der Volkstribune in Kauf nahm, als gravierender empfunden zu haben als die Vorteile an Steuerungsfähigkeit, die dem Senat zuwachsen sollten. Man kann es auch so ausdrücken: Sullas radikal wirkungsorientierte Reformpolitik überforderte ihre Nutznießer.

Am Ende des Jahres 81 oder in der Mitte des Jahres 80 trat Sulla als Dictator zurück, und als Ende 80 auch sein Konsulat auslief, verließ er Rom und ließ es sich in seiner kampanischen Villa gutgehen. Schon in der Antike hat man gerätselt, was die Gründe für Sullas ungewöhnliches Verhalten waren, und auch heutzutage ruft diese machtpolitische Sensation noch Staunen hervor. Daß ein Alleinherrscher seine Position aus freien Stücken aufgibt, dafür gibt es in der Weltgeschichte nur wenige Beispiele. Reiner Überdruß an dem aufreibenden Tagesprogramm eines Regenten und Lust an Völlerei und Luxusleben reichen sicher als Erklärung nicht aus. Man kommt bei Sulla nicht umhin zuzugestehen, daß er an die Republik glaubte. Er konnte sich offenbar nicht vorstellen, diese Organisationsform durch seine persönliche Herrschaft dauerhaft zu ersetzen, auch wenn er selbstverständlich davon überzeugt war, nur er selbst wisse wirklich, was für die Republik gut sei, und müsse daher die notwendigen Reformen durchsetzen. Danach aber – so dachte er wohl – konnte und sollte er abtreten.

Sullas *res publica* entwickelte sich von Anfang an nicht so, wie es sich der Dictator vorgestellt hatte. Noch blieb es allerdings riskant, gegen Sullas Reformen zu agitieren. Die Mittel zum erneuten Eingriff ins Geschehen hatte Sulla nicht eingebüßt. Etwa 100 000 Veteranen waren in Italien angesiedelt worden, 10 000 ehemalige Sklaven der Proscribierten verdankten Sulla ihre Freilassung und trugen dankbar seinen Geschlechtsnamen Cornelius, mehr als zwei Drittel der Senatoren waren durch Sulla in den Senat gelangt. Im Notfall konnte Sulla also soviel Anhang mobilisieren, daß er sich auch wieder hätte durchsetzen können, denn die Machtmittel eines Alleinherrschers verlor man im römischen Patronagesystem nicht einfach mit der Niederlegung des Amtes. Vermutlich war es nur sein baldiger Tod 78, der die Republik vor der Rückkehr des ehemaligen Dictators bewahrte.

VIII. Von der Aufweichung des sullanischen Staates bis zur Katastrophe der Bürgerkriege: Der Niedergang der Republik

Bereits um Sullas Leichenbegängnis gab es Streit. Das Staatsbegräbnis beschloß der Senat erst nach einigen Debatten, und um die Durchführung zu hintertreiben, äußerten Gegner des Ex-Dictators Bedenken, ob man denn die Sicherheit in Rom garantieren könne. Doch der wichtigste Helfer Sullas im Bürgerkrieg, der junge Gnaeus Pompeius, sprach ein Machtwort und organisierte den Transport des Sarges und den Leichenzug in Rom, der von Veteranen Sullas begleitet und geschützt wurde.

Die Ereignisse rund um Sullas Leichenfeier ließen erkennen, daß die Spaltung des römischen Gemeinwesens, die sich in den Bürgerkriegen manifestiert hatte, mit der sullanischen Radikalkur nicht überwunden war. Sulla hatte sich dafür entschieden, die Gegenseite möglichst vollständig auszulöschen. Durchaus folgerichtig hatte er sogar die Söhne der Proscribierten von einer weiteren politischen Betätigung ausgeschlossen, da ihm klar war, daß diese Leute nach den römischen Verhaltensmustern unweigerlich seine neugeordnete *res publica* attackieren würden. Doch auch unter den nicht direkt Betroffenen hielten viele Distanz zu Sullas brutalen Säuberungen und konnten auch seinen Reformen kaum etwas abgewinnen. Als daher einer der Konsuln des Jahres 78, Marcus Aemilius Lepidus, damit begann, die Regelungen Sullas bezüglich des Volkstribunats anzugreifen, stieß er offenbar nicht nur beim Volk auf eine gewisse Sympathie, obwohl sein Kollege Quintus Lutatius Catulus, ein treuer Gefolgsmann Sullas, energisch dagegenhielt. Der Konflikt zwischen den Konsuln vertiefte sich weiter, als beide nach Etrurien geschickt wurden, um die dort im Zuge der sullanischen Enteignungen entstandenen Unruhen zu unterdrücken, und als Lepidus dann mit Truppen auf Rom zumarschierte, um seiner Forderung nach einem weiteren Konsulat Nachdruck zu verleihen, befand man sich schon wieder im Bürgerkrieg. Der Senat beauftragte den anderen Konsul, Catulus, mit der Verteidigung Roms, meinte aber, gleichzeitig gegen die von dem Legaten des Lepidus, Marcus Iunius Brutus, dem Vater des späteren Caesarmörders, in Oberitalien gesammelten Truppen vorgehen zu müssen, und so wurde erneut Gnaeus Pompeius mit einer außerordentlichen Kommandovollmacht versehen, um Brutus unschädlich zu machen. Die Senatspartei setzte sich schnell durch, Lepidus floh mit den verbliebenen Anhängern und starb auf Sardinien, sein Helfer Marcus Perperna führte die Lepidaner nach Spanien.

Gnaeus Pompeius hatte unter Sulla einen rasanten Aufstieg genommen, und jetzt zeigte sich, daß er den Weg der Ausnahmeregelungen auch nach dem Ende des Ausnahmezustands weiterzugehen gewillt war. Während des cinnanischen Regiments hatte sich Pompeius zurückgezogen, war dann aber sogleich auf die Seite Sullas getreten, als dieser 83 in Italien einfiel. Da Pompeius nicht allein kam, sondern in Picenum, einer Landschaft an der Adriaküste südlich von Ancona, eine Privatarmee von zwei Legionen aufgestellt hatte, war seine Bereitschaft zur Mitarbeit für Sulla nicht nur ein Prestigeerfolg, sondern eine handfeste militärische Verstärkung. Sulla begrüßte den illegalen Truppenführer daher als Imperator, also mit dem Ehrentitel römischer Schlachtensieger, und betraute ihn nacheinander mit einer Reihe von selbständigen Kommanden. So gewann Pompeius erst Sizilien, dann Nordafrika für Sulla; die führenden Cinnaner, die er dort aufgriff, ließ er gnadenlos töten. Schließlich wurde er auch von seinen Truppen zum Imperator ausgerufen und verlangte von Sulla den Triumph, den ihm dieser trotz anfänglichen Widerstands am Ende zubilligte. Gegen alle Tradition konnte so ein gerade einmal 26 oder 27 Jahre junger Mann, der noch nie ein Amt bekleidet hatte, in Rom triumphieren.

Mit seinem Kommando in der Lepidus-Krise, mehr aber noch mit seiner darauffolgenden Forderung, der Senat solle ihm den Krieg in Spanien als Aufgabe übertragen, setzte Pompeius diesen Weg der außerordentlichen Befugnisse fort. Das war für die sullanische Republik grundsätzlich problematisch, da ja der Impetus des ganzen Reformwerks die Rückkehr zur Normalität und zu festen Regeln gewesen war, und zentral war dafür die Bindung der Truppenführung an das Oberamt bzw. die nach dem Auslaufen des Oberamts verlängerte Kommandogewalt, so daß etwa ein Konsul, dessen Amtsjahr zu Ende ging, durch Senatsbeschluß ermächtigt werden konnte, seinen Oberbefehl als Proconsul, also an Stelle eines Konsuls, weiterführen zu dürfen. Doch Pompeius war schon aufgrund seiner Jugend von jedem Oberamt weit entfernt, und Sulla hatte die Altersvorschriften für die Ämterbekleidung gerade erst wieder eingeschärft. Als wandelnde Ausnahme stellte Pompeius also einen Systemwiderspruch dar, der deshalb brisant war, weil er zur Nachahmung einlud. Als Pompeius nach dem Lepidus-Aufstand vor der Stadt eintraf und darauf insistierte, daß er der richtige Mann sei für den spanischen Krieg, da entschied der Senat nicht nur über ein Kommando, sondern über die Verbindlichkeit der Regeln der nachsullanischen Republik. Angesichts der Truppen, die Pompeius begleiteten, gab es nicht viel Spielraum für die Senatoren, welche die Bürgerkriege gerade überstanden hatten, und so wurde Pompeius mit einer weiteren außerordentlichen Befehlsgewalt ausgezeichnet und nach Spanien geschickt.

In Spanien war Quintus Sertorius, der Statthalter der Cinnaner, nach Sullas Sieg im Bürgerkrieg zunächst verdrängt worden, war dann aber als Führer eines Aufstands von Lusitanern und Keltiberern wieder ins Spiel gekommen und brachte schnell Teile des römischen Spanien unter seine Kontrolle. Schon 79 hatte Sulla seinen Parteigänger Quintus Caecilius Metellus Pius gegen Sertorius geschickt, doch der tat sich schwer gegen den Rebellen, der es ausgezeichnet verstand, zu den einheimischen Stämmen ein vertrauensvolles Verhältnis aufzubauen, und der zudem ein sehr begabter Militär war. Die Entsendung des Pompeius war keine Ablösung des Metellus Pius, sondern eine Verstärkung, so daß die römische Zentrale fortan zwei Heere gegen Sertorius im Einsatz hatte. Doch man kam nur langsam voran. Auch Pompeius erlitt eine Niederlage, und vermutlich hätte sich der Krieg noch länger hingezogen, wenn nicht interne Konkurrenz unter den Römern im Lager des Sertorius 72 zu dessen Ermordung geführt hätte. Der Drahtzieher des Attentats, Marcus Perperna, der einst die entkommenen Lepidus-Anhänger nach Spanien geführt hatte, war aber dem Pompeius nicht gewachsen. Perperna wurde geschlagen, gefangen genommen und hingerichtet, die beiden spanischen Provinzen kehrten wieder unter die Herrschaft Roms zurück.

Während des zermürbenden Krieges in Spanien war in Italien eine Krise heraufgezogen, welche die Römer zunächst völlig unterschätzt hatten: Es handelt sich dabei um jenen Sklavenaufstand, der später unter dem Namen seines wichtigsten Anführers als Spartacus-Aufstand in die Geschichte eingehen sollte. Spartacus war 73 zusammen mit etwa 70 weiteren Sklaven aus einer Gladiatorenschule in Capua ausgebrochen. Schnell wuchs die Zahl der marodierenden Sklaven, und als ein erstes Heer der Römer eine überraschende Niederlage erlitt, erhielt die Sklaventruppe weiteren Zulauf. 72 sollen es bereits etwa 70 000 gewesen sein, die unvermindert erfolgreich gegen reguläre römische Legionen operierten.

Dies war nicht die erste große Sklavenerhebung: 136–132 und 104–101 hatte es große Aufstände in Sizilien gegeben, welche die Römer nur mühselig hatten niederringen können. Da jeder geflohene oder sich gegen seinen Herrn erhebende Sklave, wenn er denn gefaßt wurde, nach römischem Recht ans Kreuz zu schlagen war, war das Risiko für die Beteiligten sehr hoch, und man kann daraus ersehen, in welch verzweifelter Lage sie sich befunden haben müssen. Dennoch fehlte dem Spartacus-Aufstand wie auch vergleichbaren Revolten eine weiterführende Perspektive: Der Antike war die Vorstellung fremd, man müsse und könne die Sklaverei als solche abschaffen, und auch den Aufständischen um Spartacus ging es nicht um eine weltanschauliche Grundentscheidung, sondern nur um die eigene Freiheit und persönliche Besserstellung. Von einem Klassenbewußtsein der Sklaven kann denn auch keine Rede sein. Da sich die Lebensverhältnisse der Sklaven untereinander fast genauso stark unterschieden wie die der Freien, gab es keine nennenswerten Impulse zur Solidarisierung. Der Vertrauenssklave eines Senators führte zum Beispiel ein recht angenehmes Leben und stand in keiner Verbindung zu einem Bergwerkssklaven, der in den Gruben und Schächten zu Tode geschunden wurde. So scheinen Spartacus und die anderen Gladiatoren in erster Linie von den sich freier bewegenden Hirtensklaven Zulauf erhalten zu haben, ansonsten von Landarbeitssklaven, ebenso von einigen Freien aus demselben, von harter Arbeit und dem Wirtschaften am Existenzminimum geprägten Milieu, dagegen kaum von städtischen Sklaven, denen es zumeist besser ging. Die Scharen des Spartacus rekrutierten sich aus den Reihen der Erniedrigten, Entrechteten, Chancenlosen und Gequälten Italiens, was die brutale Ausbeutung und die Unmenschlichkeit der römischen Gesellschaftsorganisation sehr deutlich hervortreten läßt, aber sie waren keine Revolutionäre, die eine Vision von einer besseren Ordnung besaßen und verwirklichen wollten.

Nachdem die Sklaven sogar die Konsuln des Jahres 72 geschlagen hatten und weiter plündernd und raubend quer durch Italien zogen, beauftragte der Senat den Praetor Marcus Licinius Crassus mit der Niederschlagung des Aufstands, der zu diesem Zweck ein gewaltiges Heer zusammenzog. Crassus bemühte sich, die Sklaven durch groß angelegte Befestigungsarbeiten in einer begrenzten Zone in Süditalien einzuschließen. Auch wenn Spartacus noch einmal der Ausbruch gelang, wurden die Sklavenverbände jetzt einer nach dem anderen aufgerieben, zumal auf Veranlassung des Crassus die Statthalter der umliegenden Provinzen Hilfe leisteten. Auch Pompeius konnte bei seiner Rückkehr aus Spanien 71 noch einen versprengten Trupp von Sklaven in Oberitalien aufgreifen und hinrichten lassen.

Die Aufforderung, mit den eigenen Soldaten bei der Niederschlagung des Sklavenaufstands zu helfen, bot Pompeius den Vorwand, seine Truppen nicht, wie es Sulla eigentlich vorge-

schrieben hatte, beim Betreten Italiens zu entlassen, sondern mit
ihnen erneut nach Rom zu ziehen. Dort bat er in bescheidenem
Ton darum, von den Vorschriften für die Ämterlaufbahn befreit
zu werden, so daß er sich um das Konsulat bewerben könne.
Was blieb dem Senat schon anderes übrig, da doch die Truppen
vor der Stadt lagen? So konnte Pompeius am letzten Tag des
Jahres 71 seinen Triumph feiern, am 1. Januar 70 trat er sein
Konsulat an. Er war damit weit und breit der einzige Römer, der
vor dem Konsulat kein Amt bekleidet hatte und erst als Konsul
in den Senat eintrat.

Sein Kollege war Crassus, der sich mit Pompeius trotz der
Animositäten, die zwischen den beiden bestanden, noch vor der
Wahl arrangiert hatte. Im Konsulat von Pompeius und Crassus
wurden die letzten Beschränkungen der Tribunengewalt, die
Sulla eingeführt hatte, aufgehoben. Das hatte Pompeius bereits
vorher angekündigt, und es hatte sich auch schon länger abge-
zeichnet. Daß er ganz uneigennützig dem Volk einen Herzens-
wunsch erfüllen wollte, ist allerdings unwahrscheinlich. Abgesehen von den Popularitätsgewinnen, die er gerne verbuchte, war
er auch einer der ersten Nutznießer der neuinstallierten Eigen-
ständigkeit der Volkstribune. Pompeius hatte nämlich nach seinem Konsulat großmütig auf die Verwaltung einer Provinz ver-
zichtet; eine solche Routinetätigkeit war unter seiner Würde. Als
aber das Seeräuberproblem, das die Römer schon zu verschiedenen, mäßig erfolgreichen Gegenmaßnahmen veranlaßt hatte, mit
großer Dringlichkeit wieder auf die Tagesordnung kam, setzte
sich 67 der Volkstribun Aulus Gabinius für die Einrichtung eines
außerordentlichen Kommandos mit ganz ungewöhnlich weit-
reichenden Sondervollmachten ein. Der Inhaber sollte auf drei
Jahre eine konsularische Befehlsgewalt erhalten, die sich rund
um das Mittelmeer in jeder Provinz 50 Meilen ins Landesinnere
erstrecken sollte. Zudem sollten ihm 15 Legaten mit einem *imperium* im Range von Praetoren untergeordnet werden, aus denen
Pompeius später 24 machte, außerdem zwei Quaestoren. Der
Kommandeur sollte 500 Schiffe, 120 000 Soldaten und 5000
Reiter erhalten, darüber hinaus 36 Millionen Denare zur Finanzierung nebst unbegrenztem Kredit. Das war die am weitesten

reichende Bevollmächtigung, welche die Republik einem einzelnen zugestand.

Es ist daher kein Wunder, daß sich dagegen massiver Widerstand regte. Die führenden Senatoren waren nicht bereit, die Einrichtung einer solch quasi-monarchischen Position hinzunehmen, zumal absehbar war, daß Pompeius der Nutznießer sein sollte, auch wenn im Gesetzesentwurf kein Name genannt war. In den Auseinandersetzungen wurde argumentiert, daß solch umfassende Ermächtigungen nicht der *res publica* gemäß seien, doch konnte die Gegenseite darauf verweisen, daß das Problem, daß die Seeräuber sich verhältnismäßig ungestört im Mittelmeer bewegten und betätigten, seit gut 30 Jahren vor allem deshalb bestand, weil eben keine großangelegte Gegenaktion unternommen worden war. Der Konflikt eskalierte bis zu Gewalttätigkeiten; gegen einen Tribunen, der sein Veto einlegte, brachte Gabinius ein Absetzungsverfahren in Gang wie seinerzeit Tiberius Gracchus, doch der Tribun zog zurück. Am Ende wurde das Gesetz verabschiedet, und Pompeius wurde zum Feldherrn gegen die Seeräuber gewählt.

Daß dies alles ein Zufall war und Pompeius nur unverhofft vom notleidenden Vaterland gerufen wurde, vermag man nicht zu glauben. Überraschend schnell hatte Pompeius seine Schiffe beieinander, was den Verdacht nährt, daß er mit dem Bau und dem Zusammenziehen der Flotte nicht bis zur Ernennung gewartet hatte. Auch wäre eine Ermächtigung in dieser Form ohne die Wiederherstellung der Tribunengewalt in vollem Umfang nicht denkbar gewesen, so daß sich die Vermutung aufdrängt, Pompeius habe solche Chancen bei seinem Gesetz aus dem Jahre 70 durchaus im Blick gehabt. Aber wie dem auch sei: Für diese Aufgabe war er mit seinem grandiosen Organisationstalent tatsächlich so geeignet wie kein anderer. Indem er die Seeräuber systematisch vom Westen aus vor sich hertrieb, bis sich die große Masse in ihren Lieblingszentren in Kilikien an der südkleinasiatischen Küste sammelte, mußte er nur eine Schlacht schlagen und konnte auch die Aushebung vieler kleiner Piratennester vermeiden. Außerdem gehörte zu seiner Erfolgsstrategie auch, daß er Unterwerfungen akzeptierte und die Rückkehr in eine bürgerliche Existenz förderte, etwa mit Ansiedlungen in der Region. So kam es, daß er die Seeräuberplage in nur drei Monaten nachhaltig beseitigte.

Während Pompeius noch mit den Regelungen in Kilikien beschäftigt war, beantragte der Volkstribun Gaius Manilius 66 schon das nächste große Kommando für Pompeius. Seit 74 war ein weiterer Krieg gegen Mithradates von Pontos im Gange, der seinen Nachbarkönig in Bithynien angegriffen und das herbeigeeilte römische Heer geschlagen hatte. Der Krieg wurde daraufhin 74 dem Konsul Lucius Licinius Lucullus übertragen, der ihn seit 73 mit beachtlichen Erfolgen führte. Mithradates mußte sich zu seinem Schwiegersohn Tigranes III. nach Armenien flüchten, doch Lucullus folgte ihm und errang 69 und 68 zwei Siege in Armenien. Trotz dieser Erfolge war aber die Stimmung im römischen Heer schlecht, teils wegen der Härte des Krieges im anatolischen und armenischen Hochland, teils wegen der unerbittlichen Disziplin, die Lucullus durchzusetzen suchte. Hinzu kamen die Maßnahmen des Lucullus zum Schutze der Provinzbewohner in Kleinasien gegen die Erpressungen der Steuerpächter, die ihm die Feindschaft der Geschäftskonsortien in Rom eintrugen. All dies führte dazu, daß Lucullus 67 abgelöst wurde. Bevor aber der neue Befehlshaber in seiner Provinz angelangt war, wurde der Krieg schon durch das manilische Gesetz dem Pompeius übertragen. Sicher war das nicht ganz unlogisch, wenn man doch einen erfolgreichen Feldherrn mit umfassenden Vollmachten ohnehin in der Großregion stehen hatte, aber sicherheitspolitisch oder sonstwie zwingend war es nicht. Pompeius akzeptierte natürlich gerne den neuen Auftrag und jagte Mithradates, bis dieser 63 Selbstmord beging.

Das Ostkommando des Pompeius war wieder eher in organisatorischer Hinsicht bemerkenswert als in militärischer. Pompeius begann bereits während des Krieges damit, eine umfassende Neuordnung des römischen Ostens durchzuführen. Er setzte stärker als zuvor auf die Einrichtung von Provinzen und gründete zwei neue – Bithynien und Pontus sowie Syrien. In den Provinzen stärkte er die Städte und erließ feste Grundregeln der inneren Ordnung. Darüber hinaus ernannte er zum Teil neue

Herrscher in kleineren Fürstentümern, die formal eigenständig, de facto aber völlig von der römischen Gnade abhängig waren. Diese sachlich durchaus angemessenen Regelungen hatten allerdings einen Pferdefuß: Pompeius war dazu gar nicht befugt. Traditionell pflegte nach Ende eines siegreichen Krieges eine Senatsgesandtschaft in die Region zu kommen und diese Art von Reorganisation vorzunehmen. Pompeius dagegen hatte völlig eigenmächtig gehandelt, ohne den Senat einzubeziehen. Auch wenn ihm das im Hochgefühl seiner grandiosen Erfolge vielleicht belanglos erschien: Es sollte sich noch rächen.

Denn der Senat hatte sich inzwischen von den Niederlagen bei der Vergabe der großen Kommanden ein wenig erholt. Das lag wesentlich an einer merkwürdigen Ereigniskette, die wir gewöhnlich als die Catilinarische Verschwörung bezeichnen. Der berühmte Redner Marcus Tullius Cicero, einer der Konsuln des Jahres 63, nahm für sich in Anspruch, diese Verschwörung aufgedeckt und die Täter unschädlich gemacht zu haben, und hat uns über seine Heldentaten in einer Reihe von Reden und sonstigen Texten informiert. Darüber hinaus hat der Historiker Sallust gut 30 Jahre später eine Monographie über das Thema verfaßt, so daß man mit Fug und Recht sagen kann, daß wir für die Catilinarische Verschwörung so viele und eingehende Quellenaussagen haben wie über nur ganz wenige andere Ereignisse der Antike. Das heißt nicht, daß es sich um ein besonders bedeutsames Ereignis handelte. Lucius Sergius Catilina war ein recht bedenkenloser Karrierist, der zwei- oder dreimal bei Konsulwahlen gescheitert war. Es ist nun nicht ganz klar, ob er tatsächlich die Ermordung des Konsuls Cicero und vielleicht weiterer störender Figuren vorbereitet oder nur im Kreise seiner Zechgemeinschaft herumschwadroniert hat. Jedenfalls war der Konsul Cicero geradezu begierig darauf, daß in seinem Konsulat etwas Außergewöhnliches passierte, bei dem er sich bewähren konnte, und Cicero bauschte daher alle Hinweise auf dunkle Machenschaften nach allen Regeln der rhetorischen Kunst auf. Es gelang ihm schließlich, Catilina im Senat derartig in die Enge zu treiben, daß dieser die Nerven verlor und Rom verließ. Catilina ging nach Etrurien zu den Rebellen, die sich dort im

Verzweiflungsaufstand befanden, wobei nicht zu klären ist, ob Catilina die dortige Truppensammlung initiiert hatte oder nur einfach dazustieß.

An der Verschwörung – wenn es denn eine war – sind einige Seitenstränge für die Geschichte der späten Republik bedeutsam. So sorgte der Konsul Cicero in einer großen Senatsdebatte für einen Beschluß zur Hinrichtung einiger vornehmer Freunde des Catilina, die wegen Konspiration mit auswärtigen Feinden inhaftiert worden waren, und ließ den Beschluß ausführen. Der Senat war nach einer Rede des designierten Praetors Gaius Iulius Caesar schwankend geworden, doch der schon gewählte Volkstribun Marcus Porcius Cato der Jüngere hatte mit einem energischen Appell an Strenge und Standfestigkeit das Ruder wieder herumgerissen. Hier trafen mit Caesar und Cato zwei Kontrahenten erstmals aufeinander, die sich in der Folgezeit geradezu zu Antagonisten entwickeln sollten. Außerdem hatte die Hinrichtung der Catilinarier für den Konsul Cicero die unangenehme Konsequenz, daß er in den nächsten Jahren, als sich der Wind wieder drehte, extrem angreifbar war, da er ja für einen Verstoß gegen das eherne Provocationsrecht römischer Bürger verantwortlich zeichnete. Er sollte noch reichlich Gelegenheit erhalten, seine Inszenierung von Tatkraft zu bereuen. Immerhin bedeutete die Niederschlagung des Aufstands in Etrurien durch eine vom Senat zusammengezogene Armee, daß der Senat zum ersten Mal seit Jahren wieder ein Problem aus eigener Kraft hatte bewältigen können, ohne einen der großen Bosse wie Pompeius oder Crassus dazu mit einer Sondervollmacht ausstatten zu müssen. Denn genau das hatte wieder gedroht, als der Volkstribun Quintus Caecilius Metellus Nepos 62 die Rückrufung des Pompeius aus dem Osten beantragte zwecks Überwältigung Catilinas und seiner Spießgesellen: Pompeius hätte erneut mit Soldaten nach Italien kommen können, der Senat wäre ihm zur Dankbarkeit verpflichtet gewesen, und der große Feldherr hätte höfliche Vorschläge machen können, welche die Senatoren angesichts seiner auf dem Marsfeld lagernden Truppen nicht hätten ablehnen können. Doch daraus wurde nichts. Der mutige und entschlossene Volkstribun Cato verhinderte die Verabschiedung des Antrages von Metellus Nepos, und siehe da: Man löste das Problem auch ohne Pompeius.

62 kehrte aber Pompeius tatsächlich aus dem Osten heim, und mancher Römer scheint gezittert zu haben. Daß sich Pompeius' alter Konkurrent Crassus auf Reisen begab, ist bezeichnend. Niemand wußte, ob Pompeius nicht mit seiner treuen Armee auf Rom marschieren und sich eine Sonderstellung erzwingen würde. Doch Pompeius entließ ganz brav sein Heer, als er in Brundisium, dem heutigen Brindisi, italischen Boden betrat. Man hat manchmal darüber raisonniert, ob das nicht ein Fehler war, ob Pompeius sich damals nicht einfach die Herrschaft hätte nehmen sollen und Rom dadurch schwere Bürgerkriege erspart geblieben wären. Aber das war offenkundig nicht das, wonach Pompeius strebte. Er wollte der angesehenste aller Römer sein, aber er konnte sich nichts anderes als die Republik vorstellen, die ihm ja auch allein die Anerkennung gewähren konnte, nach der er strebte. Da er also keinen formalen Grund besaß, mit den Soldaten nach Rom zu marschieren, hielt er sich an die Regeln. Alles andere wäre Hochverrat gewesen.

Was ihn allerdings in Rom erwartete, dürfte ihn dann doch überrascht haben. Er benötigte die Bestätigung seiner Anordnungen im Osten, wenn er dort nicht als «Papiertiger» dastehen wollte. Der wieder selbstbewußter gewordene Senat, in dem überdies Lucullus, der sich von Pompeius um die Siegeslorbeeren im Mithradates-Krieg betrogen fühlte, jetzt das große Wort führte, wollte jedoch über jede einzelne Maßnahme gesondert diskutieren und entscheiden. Daß das darauf abzielte, dem allzu selbstherrlichen Feldherrn seine Grenzen aufzuzeigen, war evident. Pompeius erreichte in den nächsten Jahren nicht die kollektive Ratifizierung seiner Regelungen, obwohl er jedes Jahr einen treuen Parteigänger ins Konsulat zu bringen verstand. Auch ein Ansiedlungsgesetz, das der Versorgung seiner Veteranen dienen sollte, war nicht durchzusetzen. Als daher im Jahre 60 Caesar auf ihn zukam und ihm anbot, eine Allianz zu schließen, kam er für Pompeius wie gerufen.

Gaius Iulius Caesar war nach seinem fulminanten Auftritt in der Catilinarierdebatte während seiner Praetur 62 nicht wenig angefeindet worden, hatte sich aber auf seine große Popularität verlassen können und war dann als Statthalter nach Spanien gegangen. Daß er es nur einer Bürgschaft des Crassus verdankt haben soll, daß ihn seine Gläubiger überhaupt in seine Provinz reisen ließen, verdeutlicht das exorbitante Ausmaß seiner Verschuldung. Sein Einsatz für den politischen Aufstieg war noch über das hinausgegangen, was ohnehin schon an materiellen Investitionen üblich war. In Spanien hatte er militärische Erfolge erzielt und sich finanziell erst einmal saniert; als er von dort zurückkehrte, wollte er einen Triumph feiern und Konsul werden.

Seine Gegner um den jüngeren Cato sorgten dafür, daß Caesar plötzlich zwischen seinen Wünschen wählen mußte, und kurz entschlossen entschied sich Caesar für die Bewerbung um das Konsulat. Er hatte offenkundig mit seinem feinen Gespür für politische Perspektiven erkannt, daß sich ihm eine Chance bot, die so schnell nicht wiederkehren würde: Da Pompeius händeringend nach einem Amtsinhaber suchte, der für die Bestätigung seiner Verfügungen im Osten und ein Landverteilungsgesetz sorgte, konnte sich Caesar, wenn ihm das gelang, die volle Kooperation des mächtigen Pompeius sichern und sich mit dessen Hilfe selbst eine außerordentliche Vollmacht verschaffen, die ihn der Verwirklichung seiner eigenen Ambitionen näher bringen würde.

Caesar knüpfte also, wahrscheinlich erst nach seinem Wahlerfolg, eine Allianz mit Pompeius und gewann auch Crassus noch für den Dreibund, der oft als das 1. Triumvirat bezeichnet wird. Doch handelte es sich nicht um ein formelles Amt wie beim 2. Triumvirat, sondern nur um eine private Absprache dahingehend, daß in der Politik nichts geschehen solle, was einem der drei mißfalle. Gestützt auf die vereinigten Machtpotentiale von Pompeius und Crassus sorgte der Konsul Caesar dann 59 für die Ratifizierung der Entscheidungen des Pompeius im Osten und sogar für zwei Ackergesetze; zudem erreichte er den Pachtnachlaß für die Steuerpächter der Provinz Asia, der dem Lobbyisten Crassus so am Herzen lag. Caesar selbst wurde mit einem großen Kommando auf fünf Jahre in den Provinzen Gallia Cisalpina (Oberitalien) und Illyricum (dalmatische Küste) ausgestattet, denen der resignierte Senat dann auf Antrag des Pompeius noch Gallia Narbonensis (Südfrankreich) hinzufügte. Caesars gesamte Gesetze wurden durchgesetzt gegen den energischen Widerstand einer wichtigen Senatsgruppierung, gegen den sakralrechtlich begründeten Einspruch seines Mitkonsuls Marcus Calpurnius Bibulus und unter gewaltsamer Vertreibung der Gegner vom Abstimmungsplatz, darunter auch von Volkstribunen, die ihr Veto einlegen wollten.

Als Caesar 58 nach Gallien ging, weil sich dort eine Gelegenheit bot, einen großen Krieg vom Zaune zu brechen, hinterließ er eine tief gedemütigte Opposition, die seine zahlreichen Verstöße gegen die alteingeführten Regeln der Politik nicht einfach vergessen konnte. Er mußte daher grandiose militärische Erfolge erzielen, denn nur auf diesem Wege konnte er sein Prestige bei der weiteren Oberschicht steigern, ferner genügend Profite machen, um sich in Rom auch durch Geldzahlungen und Kredite hinreichend viele und wichtige Freunde zu erhalten, und schließlich seine Truppen so an sich binden, daß sich eine latente Drohkulisse aufbaute, die die Kompromißbereitschaft seiner Gegner steigern würde. Caesars Gallischer Krieg erscheint daher bei näherem Hinsehen als ein Produkt der römischen Innenpolitik.

Als die Helvetier 58 beim neuen Statthalter Caesar anfragten, ob sie durch die Provinz zu neuen Wohnsitzen ziehen könnten, wußten sie sicher nicht, daß der Krieg gegen sie für Caesar bereits beschlossene Sache war. Tatsächlich gelang es ihm ohne große Mühe, die nötigen Vorwände zusammenzubekommen und gegen die Helvetier angeblich zum Schutz der römischen Bundesgenossen und Sicherheitsinteressen loszuschlagen. Nach dem Sieg mußte der germanische König Ariovist für die Ausweitung von Caesars Offensive herhalten, und so ging es munter weiter, bis Caesar schließlich in einem brutalen, von Massenmord geprägten Krieg ganz Gallien unter römische Herrschaft gebracht hatte. In Rom wurde diese gigantische Expansion mit großen Dankfesten gefeiert, die imperiale Grundstimmung war durch Kriegserfolge immer zu bedienen, auch wenn sich Caesars

Gegner im Senat bemühten, auf seine Rechtsverletzungen hinzuweisen.

Die innerrömische Politik blieb zunächst weiter fest im Griff
des Dreibunds. Da die Interessen von Pompeius und Crassus 59
nur durch Gesetze von zweifelhafter Legalität durchgesetzt worden waren, mußten beide die Handlungen Caesars als Konsul
verteidigen. Der Rechtsbruch war also die Basis ihrer Koalition.
Doch im Zuge von Hungerkrisen in der Hauptstadt erhielt Pompeius 57 die Aufgabe, die Getreideversorgung zu reorganisie-
ren, und damit näherte er sich wieder den Senatoren an, die der
Dreibund 59 so vor den Kopf gestoßen hatte. Als das Triumvirat
langsam brüchig zu werden begann, war es Caesar, der es erneut
zusammenschmiedete. Im Frühjahr 56 traf er sich zunächst mit
Crassus in Ravenna, sodann mit Pompeius in Lucca und erreichte eine Erneuerung des Bündnisses. Vereinbart und umgesetzt wurden folgende Punkte: Pompeius und Crassus sollten
gemeinsam das Konsulat von 55 übernehmen und danach große
Kommanden erhalten, Caesars Oberbefehl in seinen Provinzen
sollte um weitere fünf Jahre verlängert werden. Crassus brach
bald nach Syrien auf, von wo aus er das Partherreich mit Zentrum in Mesopotamien und Iran attackierte, um seinen militärischen Ruhm zu vergrößern. In der Schlacht bei Carrhae (in
Syrien) unterlag er aber und wurde ebenso getötet wie viele
seiner Soldaten. Pompeius erhielt die beiden spanischen Provinzen, blieb aber in der Nähe Roms, da er sich ja schließlich um
die Getreideversorgung zu kümmern hatte, und ließ sich als
Statthalter durch Untergebene vertreten.

In den 50er Jahren erlebte Rom eine Eskalation der Gewalt.
Der Volkstribun Clodius Pulcher hatte 58 breite Gesetzgebungs-
aktivitäten entfaltet und vieles aus dem mittlerweile festetablier-
ten Programminventar volksfreundlicher Tribunen aufgegriffen.
Vor allem hatte er durchgesetzt, daß die Getreideverteilung
fortan kostenlos erfolgen sollte, und damit eine besondere Ver-
günstigung für die stadtrömische Bevölkerung eingeführt, welche auch die folgenden Jahrhunderte über beibehalten wurde.
Auch wenn er sich nicht scheute, die Opposition gegen seine
Projekte mit Knüppelgarden einzuschüchtern, wäre all das wohl

noch im Rahmen der mittlerweile bekannten demagogischen Umtriebe eines ambitionierten Tribunen geblieben, der nach Ablauf seiner Amtszeit in der Versenkung verschwunden wäre. Doch Clodius schaffte es, die traditionellen römischen Kult- und Berufsvereine zu einer organisierten Anhängerschaft umzugestalten, so daß er auch als Privatmann weiterhin ein hohes Mobilisierungspotential für die Versammlungen besaß. Dagegen wußten sich seine Gegner nicht anders zu helfen als gleichfalls mit der Aufstellung von Schlägertrupps. Zum wichtigsten Gegenspieler des Clodius wurde Titus Annius Milo, der eine Gladiatorentruppe engagierte, die dank ihrer Waffenschulung im wahrsten Sinne des Wortes schlagkräftiger war als die einfachen Plebeier, die Clodius umgaben. So tobten in Rom häufig Straßenkämpfe, besonders vor den Wahlen und bei umstrittenen Gesetzesprojekten. Daß jahrelang kein ernsthafter Versuch unternommen wurde, dagegen einzuschreiten, lag wesentlich daran, daß der Dreibund nicht wirklich an Gegenmaßnahmen interessiert war, solange ihm das Klima der Gewalt immer wieder auch bei der Durchsetzung eigener Ziele förderlich war.

Erst als sich Anfang des Jahres 52 Clodius und Milo, begleitet von ihren Schutztruppen, auf der Via Appia außerhalb Roms begegneten und das Wortgefecht schnell zu einer Schlägerei eskalierte, in deren Verlauf Clodius vorsätzlich getötet wurde, entstand eine neue Lage. Eine große Menge einfacher Bürger trauerte um Clodius und versuchte in ihrem Zorn, die Schuldigen zur Rechenschaft zu ziehen. Aus der Curia, dem Versammlungsgebäude des Senats, riß man die Bänke heraus und errichtete damit einen symbolträchtigen Scheiterhaufen, auf dem man die Leiche des Clodius verbrannte. Daß dabei die ganze Curia in Flammen aufging und niederbrannte, nahm man gerne in Kauf. Der Senat entschloß sich daraufhin, Pompeius zum Konsul ohne Kollegen zu machen und ihn zu ermächtigen, mit seinen Truppen die Ordnung in der Stadt wiederherzustellen. Das tat Pompeius in bewährter Effektivität, wobei er sich nicht auf die Verfolgung der Friedensstörer beschränkte, sondern eine Reihe von Gesetzen verabschieden ließ, die auf eine Verbesserung der Staatsorganisation abzielten.

Damit war Pompeius zum ersten Mal auch innerhalb der Stadt als Nothelfer eingesetzt worden. Selbst die hochangesehenen und ganz der alten Republik verhafteten Senatoren wie Cato waren bereit gewesen, auf die Talente und Machtmittel des Pompeius zurückzugreifen. Pompeius war damit dort angekommen, wo er wahrscheinlich hinwollte: nicht außerhalb des republikanischen Systems, sondern innerhalb als eine Instanz, zu der man aufschaute und an die man sich vertrauensvoll wandte, wenn es wirklich brenzlig wurde. Doch damit entfernte sich Pompeius immer weiter von Caesar, ein Prozeß, der seit 54 im Gange war und den die Caesargegner auch recht geschickt verstärkt hatten. Daß Pompeius allmählich auf größere Distanz zu seinem alten Partner ging, dürfte wesentlich daran gelegen haben, daß Caesar durch seinen Aufstieg zum Feldherrn und Patron zu einem echten Konkurrenten geworden war. Als daher 50/49 die Rückkehr Caesars in die römische Innenpolitik anstand, konnten seine Gegner offensiv gegen seinen reibungslosen Übergang in ein neues Konsulat argumentieren und agitieren, da Pompeius sie deckte oder sich wenigstens heraushielt.

Am 10. Januar 49 marschierte Caesar in Italien ein und begann damit den Bürgerkrieg, von dem sich die römische Republik nie wieder erholen sollte. Man hat sich immer wieder gefragt, ob das denn nicht ein vermeidbarer Unfall gewesen sei, ob hier die Politik nicht einfach versagt habe. Tatsächlich hatte man lange verhandelt, Caesar hatte Kompromißangebote unterbreitet, und die Gruppierung der Caesargegner hatte gegen eine anpassungsbereite Senatsmehrheit, die um des Friedens willen zu jedem Zugeständnis bereit war, immer wieder eine harte Haltung durchgesetzt. Doch waren Caesars Vorschläge bei aller Beweglichkeit in den Details stets darauf ausgerichtet zu garantieren, daß er gefahrlos von seiner Statthalterschaft in ein zweites Konsulat gelangen konnte. Seine Gegner wußten, daß sie damit jede Chance eingebüßt hätten, ihn für die Rechtsbrüche während seines Konsulats 59 zur Rechenschaft zu ziehen, und gleichzeitig erwarteten sie von ihm in einem neuen Konsulat nichts anderes als die unbeirrbare Realisierung seiner Interessen, auch wenn zu diesem Zweck die Rechtsregeln und Verhaltensnormen erneut ignoriert werden mußten. Daß sie dies nicht zulassen wollten, läßt sich daher nicht auf den Drang, sich für die Demütigungen, die Caesar ihnen zugefügt hatte, zu rächen, oder gar auf kleinliche Verstimmungen reduzieren, sondern sie verteidigten damit die Republik in den tradierten Formen. Caesar dagegen wollte auf keinen Fall hinnehmen, daß seine Kriegserfolge in Gallien, die nach römischen Maßstäben Heldentaten waren und ein Anrecht auf Anerkennung begründeten, einfach beiseite geschoben würden und er sich einem Prozeß ausgesetzt sähe, der das Ende seiner Karriere bedeuten könnte. Auch wenn es aus heutiger Sicht monströs erscheint, daß ein Individuum sich gegen sein Gemeinwesen stellt, das ihm nicht die angemessenen Ehrungen zuteil werden läßt, so war das im Werteverständnis der römischen Adelsgesellschaft nicht völlig abstrus. Dennoch war die Schwelle hoch, um der eigenen Ansprüche willen, und mochte man sie als noch so berechtigt empfunden haben, einen Bürgerkrieg zu beginnen. Ein anderer als Caesar hätte das vielleicht nicht getan, aber wie das Beispiel Sullas zeigt, war er auch nicht der einzige Römer der späten Republik, der sein Ego in großer Selbstverständlichkeit mit dem Allgemeinwohl identifizierte.

Der Krieg dauerte bis zum Frühjahr 45 und brachte der Mittelmeerwelt unermeßliche Leiden. Caesar besiegte 48 Pompeius, den Feldherrn der Gegenseite, bei Pharsalos in Thessalien und nach dessen Ermordung auch die verbliebenen Gegner 46 bei Thapsus in Nordafrika und 45 bei Munda in Spanien. Daß sich Caesar am Ende durchsetzte, war keineswegs zwangsläufig, doch auch wenn die andere Seite gewonnen hätte, wäre die Republik nicht automatisch wieder auferstanden. Caesar jedenfalls hatte offenbar nicht die Absicht, Sullas Vorbild zu folgen und sich von der faktischen Alleinherrschaft zurückzuziehen. Während des Krieges hatte er sich natürlich verschiedene Ämter und Vollmachten übertragen lassen, und für seine Siege waren ihm von einem willfährigen Senat, der das Militärpotential Caesars verständlicherweise fürchtete, immer größere Ehren zuerkannt worden. Als der Krieg gewonnen war, erschien es durchaus einleuchtend, daß Caesar nun nicht einfach abtreten konnte, da das zerrüttete Gemeinwesen offenkundig der Reorganisation

bedurfte und außer Caesar niemand die Macht und die Autorität besaß, diese schwere Aufgabe zu bewältigen. Caesars zahl-
lose Gesetze und Regelungen unterstützten zum Teil den Eindruck, daß er sich der Befestigung des Staates widmete, doch
kamen auch Zweifel auf, ob ihm wirklich die Wiederherstellung
der Republik vor Augen stand. Mitte Februar 44 beseitigte Caesar alle Unklarheiten, indem er die *dictatura perpetua*, die lebens-
längliche Dictatur, antrat. Kommandopositionen auf Lebens-
zeit waren mit dem Wesen der Republik unvereinbar, zu deren
Grundprinzipien die Befristung der Ämter und deren Weiter-
gabe unter den Angehörigen der politischen Führungsschicht
gehörte. Da Caesar zudem bereits die Dictatur auf zehn Jahre
innehatte, wovon erst ca. eineinhalb Jahre vergangen waren,
bestand keinerlei praktische Notwendigkeit für ihn, sich seine
Befehlsgewalt zu diesem Zeitpunkt weiter zu sichern. Mit der
Übernahme der *dictatura perpetua* verfolgte er offenkundig den
Zweck, seine Absichten aus dem Halbdunkel der Interpretier-
barkeit herauszuholen und in das gleißende Licht der Evidenz zu
rücken. Auch die Wohlwollenden unter den Senatoren wußten
nun, was die Mißtrauischen schon immer vermutet hatten: Caesar dachte nicht daran, die Republik wiederherzustellen.

Danach formierte sich die Verschwörergruppe schnell. Der
Stadtpraetor Marcus Brutus war als Galeonsfigur wichtig, denn
schließlich stammte er – nach allgemeiner Auffassung – von
dem Begründer der Republik, Lucius Brutus, ab. Er besaß also
eine auf alter Tradition basierende und damit in den Augen der
Römer besonders respektgebietende moralische Autorität, was
den schonungslosen Umgang mit Tyrannen anging. Die treiben-
de Kraft scheint aber Gaius Cassius Longinus gewesen zu sein,
ebenfalls ein amtierender Praetor, der wie Brutus einige Jahre
mit Caesar kooperiert hatte. Über 60 Senatoren und Ritter sollen sich an der Verschwörung beteiligt haben, was angesichts
der Notwendigkeit der Geheimhaltung als eine gefährlich hohe
Zahl erscheint, aber auch die Breite des Widerstands verdeutlicht. Zudem waren unter den Verschwörern nicht nur ehemalige Pompeianer, sondern auch viele Caesarianer, die ihren
Anführer zum Teil seit Jahren verläßlich unterstützt hatten. Man

sieht daran zur Genüge, daß es gegen die Ersetzung der Republik durch eine Monarchie – wörtlich: die Herrschaft eines einzelnen – eine allgemeine Opposition in der Führungsschicht, und zwar quer durch alle Lager, gab. An den Iden des März, die durch das Attentat berühmt und geradezu sprichwörtlich geworden sind, also am 15. März 44, wurde Caesar im Senat niedergestochen.

Daß mit der Ermordung des Dictators nicht sogleich die Republik wiederhergestellt war, mußten die Attentäter noch am selben Tag erfahren. Die nicht eingeweihten Senatoren liefen entsetzt davon, das Volk verschanzte sich in den Häusern, es herrschte Angst und Besorgnis statt der von den Caesarmördern erwarteten Euphorie über den Tyrannenmord und die Wiedergewinnung der Freiheit. Nach dem ersten Schrecken bekamen Marcus Antonius, Konsul des Jahres 44 und einer der wichtigsten Helfer Caesars, Marcus Aemilius Lepidus, ebenfalls aus dem engsten Kreis des Dictators und Kommandeur der in Rom stehenden Legion, sowie andere Caesarianer ihre Nerven schnell in den Griff und begannen, sich in Position zu bringen, um die eigenen Machtansprüche durchzusetzen. Die Caesarmörder mußten damit zufrieden sein, daß ihre Tat zunächst nicht als Verbrechen verfolgt wurde, aber Caesars Verfügungen blieben gültig, und sogar seine nur vorbereiteten Maßnahmen wurden pauschal in Kraft gesetzt. Bald darauf betrat Caesars Erbe, sein Großneffe Gaius Octavius, der testamentarisch adoptiert worden war und sich nun nach seinem Adoptivvater Gaius Iulius Caesar nannte, die politische Bühne und versuchte, gegen die Attentäter Stimmung zu machen. Den Mord an seinem Vater zu sühnen verlangte die römische Adelsethik. Daß in den eskalierenden Auseinandersetzungen auch der Senat noch einmal eine Rolle als Beschlußorgan spielte, das vergeblich versuchte, die Militärbefehlshaber gegeneinander auszuspielen, hat dazu geführt, daß häufig von einer letzten republikanischen Phase die Rede ist, die erst mit der Gründung des Machtkartells von Antonius, Lepidus und dem jungen Caesar, des sogenannten 2. Triumvirats, im Herbst 43 definitiv zu Ende ging. Doch wenn man bedenkt, wie intensiv die Politik in den Monaten nach Caesars Tod von militärischem Druck und Gewalt geprägt war und wie sich auch die Caesarmörder Brutus und Cassius nur durch illegale Truppenwerbung und Kommandousurpation im östlichen Mittelmeerraum wieder ins Spiel bringen konnten, so ist dies keine überzeugende Charakterisierung dieses Zeitabschnitts. Der große Historiker Theodor Mommsen läßt in seiner «Römischen Geschichte», für die er 1902 den Nobelpreis für Literatur erhalten hat, die Republik nach der Schlacht bei Thapsos 46 enden, als Caesar die völlig neuartige Dictatur auf zehn Jahre übernahm, und nach wie vor spricht vieles für seine Sichtweise. Mit dem Antritt der lebenslänglichen Dictatur Mitte Februar 44 wurde die Monarchie sogar öffentlich proklamiert. Auch nach Caesars Tod hatte die Republik in den Machtkämpfen der Prätendenten, die Caesar beerben wollten, keine realistische Chance mehr. Nach weiteren, grausamen Bürgerkriegen siegte am Ende Caesars Adoptivsohn, der unter dem Ehrennamen Augustus eine neue Form der Monarchie begründete, die das mit ihm beginnende römische Kaiserreich lange Zeit prägte.

Das ebenso grandios-dramatische wie schreckliche Geschehen des Untergangs der römischen Republik hat immer wieder die Frage aufgeworfen, inwieweit dieses Ende wirklich zwangsläufig war oder ob es hätte vermieden werden können. Der römische Historiker Sallust hatte unter Rückgriff auf ältere Vorbilder ein Dekadenzmodell entwickelt: Mit der Zerstörung Karthagos 146 sei die Furcht vor wirklich gefährlichen äußeren Feinden weggefallen, so daß sich Geldgier und rücksichtsloser Ehrgeiz breitmachen konnten und sich die Orientierung auf das Gemeinwesen aufgelöst habe. Der französische Staatstheoretiker Montesquieu hat die enorme Expansion der Römer bei gleichzeitiger Beibehaltung der stadtstaatlichen Ordnung als Grundwiderspruch markiert, an dem die Republik zugrunde gegangen sei. Tatsächlich spricht manches dafür, daß Weltreich und städtische Organisationsstruktur nicht auf Dauer miteinander zu vereinbaren waren, schon weil die Nutzung der Machtmittel des Reiches durch große, erfolgreiche Einzelpersönlichkeiten durch Senat und Volksversammlungen nicht zu kontrollieren war. Auch daß der nachlassende Außendruck für Rom bedrohlich war, ist nicht von der Hand zu weisen, denn schließlich war der enorme persönliche Ehrgeiz innerhalb der politischen Führungsschicht ja nur infolge dieses Außendrucks auf die Ziele der *res publica* ausgerichtet worden, so daß das Wegbrechen dieses Zwangsmoments der rein egozentrischen Selbstverwirklichung als Krieger und Karrieristen alle Schleusen öffnete. Daß aus dem ewigen Wettbewerb der Adligen schließlich einmal ein endgültiger Sieger hervorging, kann also nicht wirklich überraschen.

In der späten Republik existierte ein Krisenbewußtsein in der römischen Oberschicht. Es gab auch durchaus ernsthafte Versuche, Probleme durch Reformen zu lösen, und selbst wenn das Ideal in der Vergangenheit lag, so daß man etwa Sullas Ansatz als restaurativ klassifizieren kann, so waren doch die Mittel, die Sulla und andere einsetzten, um die erwünschten Verhaltensänderungen zu erreichen, teilweise erstaunlich innovativ. Die Kernprobleme der späten Republik, daß die Macht in Rom auf der Straße lag, so daß sie von ehrgeizigen Politikern bloß aufgeklaubt werden mußte, und daß die Fixierung der Politik auf die Hauptstadt angesichts der Machtmittel des Reiches vollkommen artifiziell war, konnte man allerdings nicht angehen, ohne die Republik grundlegend zu verändern und damit wohl aufzulösen. Als Caesar in den Bürgerkrieg zog und Pompeius dagegenhielt, mobilisierten beide Seiten die Potentiale Italiens und der Provinzen, und die Menschen, die dort lebten, hatten kaum eine Verbindung zu den Spielregeln der stadtrömischen Politik, in die sie nicht integriert waren. Wenn also die römischen Senatoren damals die Freiheit verloren, miteinander um die Ämter zu konkurrieren und Entscheidungen zu treffen, ohne sich dauerhaft an einen Herrscher anpassen zu müssen, dürfte das dem italischen Bauern ebenso wie dem griechischen Händler kaum mehr als ein Achselzucken entlockt haben. Die naheliegende Lösung zur Überbrückung der Diskrepanz zwischen dem stadtrömischen politischen Raum und dem sich ausweitenden Herrschaftsbereich wäre ein Repräsentativsystem gewesen, das die Griechen ja schon zu hoher Blüte entwickelt hatten, so daß man also durchaus auf erprobte Techniken und Erfahrungen hätte zurückgreifen können. Doch die römische Führungsschicht ver-

hielt sich geradezu verbohrt antirepräsentativ und blockte alle
diesbezüglichen Vorstöße ab. Damit war man insofern erfolgreich, als man die durch mangelnde Partizipation forcierten Attacken von außen – vor allem den Bundesgenossenkrieg – militärisch siegreich überstehen konnte; aber man war hilflos gegen
das Desinteresse der Unbeteiligten, deren Rolle als reine Herr-
schaftsobjekte logischerweise nicht die Bereitschaft erzeugte, in
der Krise des republikanischen Systems für die Republik aktiv
Partei zu ergreifen.

Der Aufstieg der großen Einzelpersönlichkeiten wie Pompeius
und Caesar vollzog sich als Folge von Aufgaben und Anforderungen, die große Bewährungschancen boten und den Erfolgreichen einen überdimensionalen Zuwachs an Prestige und An-
hängerscharen eintrugen. Daran war letztlich nichts zu ändern,
zumal es durchaus dem traditionellen Verhaltensschema ent-
sprach, daß ein römischer Politiker nach einer Mehrung seines
Einflusses strebte. Das labile Gleichgewicht der Oligarchie – der
Herrschaft der wenigen – war stets nur mit Mühe aufrechtzuerhalten gegen die Gefährdung, daß einer aus der Schar der
Konkurrenten durch außerordentliche Leistungen nachhaltig
herauswuchs. Nach dem Trägheitsgesetz von Entscheidungs-
strukturen ist es ohnehin nur unter kontinuierlichem Einsatz
von entsprechendem Organisationswillen sowie von Zeit und
Energie zu erreichen, daß Verfahren offen bleiben für breitere
Beteiligungen, statt in die primitive Ordnungsform der Monarchie zurückzufallen. Eben diese Monarchisierungstrends ver-
stärkten sich im letzten Jahrhundert der Republik, ohne daß es
möglich gewesen wäre, das System dagegen zu schützen.

Im Ringen der Prätendenten um die Macht nach Caesars Tod
hatten die republikanischen Organe bald gar keinen Einfluß
mehr, doch waren sie so selbstverständlich Teil des allgemein als
angemessen geltenden Zustands der Welt, daß es für den Sieger
Augustus opportun war, die alten Formen zu wahren. Die Gel-
tungsbehauptungen der Republik suggerierten Alternativlosig-
keit, d. h. es wurde akzeptiert, daß es sich um die einzig denk-
bare Ordnungsform für das römische Gemeinwesen handelte;
und diese Vorstellung war so tief eingewurzelt, daß sie auch

durch das offenkundige Versagen in der politischen Realität und die faktische Existenz der Monarchie, die niemand übersehen konnte, nicht zu erschüttern war. Folglich war es ein Akt der politischen Klugheit, daß Augustus seine Alleinherrschaft als Wiederherstellung der alten *res publica* etikettierte. Senat und Volk von Rom waren demnach auch in der Kaiserzeit weiter bedeutsam – nicht mehr als Entscheidungsinstanzen, wohl aber als Produzenten einer gewissen Legitimität, eine Rolle, die ihnen nicht zu nehmen war, da sie immer einen wesentlichen Teil der *res publica* verkörpert hatten. Daß die Republik mit ihrem freien Wettbewerb zwischen den Angehörigen der politischen Führungsschicht in den letzten Jahrzehnten im Niedergang begriffen war und auf die Dauer nicht gegen den Machtzuwachs der großen Militärs bestehen konnte, hinderte sie nicht daran, in der symbolischen Darstellung der Leitideen des römischen Gemeinwesens dominant zu bleiben. Der Untergang der Republik vollzog sich also auf der Ebene der Herrschaftsverhältnisse, nicht aber auf der Ebene der Symbole.

Zeittafel

10. Jh. v. Chr.	Erste Besiedlungsspuren auf dem Territorium des späteren Rom
753	Traditionelles Gründungsdatum Roms
7. Jh.	Zusammenführung der Streusiedlungen auf den Hügeln Roms
509	Vertreibung des letzten Königs Tarquinius Superbus und Beginn der römischen Republik (der römischen Tradition nach)
ca. 450	Zwölf-Tafel-Gesetze, Publikation des Rechts
ca. 406–396	Krieg gegen die Etruskerstadt Veii, am Ende Eroberung und Annektion des Territoriums
ca. 386	Galliersturm, Niederlage und Besetzung Roms
367/6	Licinisch-sextische Gesetze, Zulassung der Plebeier zu allen Oberämtern
340–338	Krieg gegen die abgefallenen Latiner, nach hartem Ringen weitgehende Inkorporierung der Latiner in den römischen Bürgerverband

Literaturverzeichnis

L. Aigner-Foresti, Die Etrusker und das frühe Rom, 2., durchges. Aufl. Darmstadt 2003

E. Baltrusch, Caesar und Pompeius, bibliograph. aktual. 3. Aufl. Darmstadt 2011

B. Bleckmann, Die römische Nobilität im Ersten Punischen Krieg. Untersuchungen zur aristokratischen Konkurrenz in der Republik, Berlin 2002

J. Bleicken, Die Verfassung der römischen Republik. Grundlagen und Entwicklung, 8. Aufl. Paderborn u. a. 1999

Ders., Geschichte der Römischen Republik, 6. Aufl. München 2004

K. Bringmann, Geschichte der römischen Republik. Von den Anfängen bis Augustus, München 2002

Ders., Krise und Ende der römischen Republik (133–42 v. Chr.), Berlin 2003

K. Christ, Krise und Untergang der Römischen Republik, 7. Aufl. Darmstadt 2008

T. J. Cornell, The Beginnings of Rome. Italy and Rome from the Bronze Age to the Punic Wars (c. 1000–264 BC), London/New York 1995

J.-M. David, La République romaine de la deuxième guerre punique à la bataille d'Actium, 218–31. Crise d'une aristocratie, Paris 2000

E. Flaig, Ritualisierte Politik. Zeichen, Gesten und Herrschaft im Alten Rom, Göttingen 2003

M. Gelzer, Caesar. Der Politiker und Staatsmann, Neudruck der Ausgabe von 1983 mit einer Einführung und einer Auswahlbibliographie hrsg. v. E. Baltusch, Stuttgart 2008

Ders., Cicero. Ein biographischer Versuch, Wiesbaden 1969

Ders., Pompeius. Lebensbild eines Römers, Nachdr. d. auf d. 2. überarb. Aufl. von 1959 basierenden Paperback-Ausg. von 1973, erg. um d. Nachlaß von M. Gelzer, durchges. u. mit einer Bibliogr. ausgestattet von E. Herrmann-Otto, Stuttgart 1984

E. S. Gruen, The Last Generation of the Roman Republic, Berkeley 1974

Ders., The Hellenistic World and the Coming of Rome, 2 Bde., Berkeley/Los Angeles 1984

H. Heftner, Der Aufstieg Roms. Vom Pyrrhoskrieg bis zum Fall von Karthago (280–146 v. Chr.), 2., verbesserte Aufl. Regensburg 2005

Ders., Von den Gracchen bis Sulla. Die römische Republik am Scheideweg 133–78 v. Chr., Regensburg 2006

A. Heuß, Römische Geschichte, 9. Auflage, mit Einleitung, Nachwort und neuem Forschungsteil versehen v. J. Bleicken/W. Dahlheim/H.-J. Gehrke, Paderborn 2003

K.-J. Hölkeskamp, Rekonstruktionen einer Republik. Die politische Kultur des antiken Rom und die Forschung der letzten Jahrzehnte, München 2004 (erheblich erweiterte englische Fassung: Reconstructing the Roman Republic, Princeton 2010)

K.-J. Hölkeskamp/E. Stein-Hölkeskamp (Hgg.), Von Romulus zu Augustus. Große Gestalten der römischen Republik, München 2000

M. Jehne, Caesar, 5., aktual. Aufl. München 2014

F. Kolb, Rom. Die Geschichte der Stadt in der Antike, 3. Aufl. München 2003

B. Linke, Von der Verwandtschaft zum Staat. Die Entstehung politischer Organisationsformen in der frührömischen Geschichte, Stuttgart 1995

Ders., Die römische Republik von den Gracchen bis Sulla, 2., durchges. u. bibliograph. aktual. Aufl. Darmstadt 2012

Chr. Meier, Res publica amissa. Eine Studie zur Verfassung und Geschichte der späten römischen Republik, 2. Aufl. Frankfurt a. M. 1980

Th. Mommsen, Römische Geschichte, Bd. 1–3 und 5, Nachdruck der 9. Auflage (1902–1904) in 8 Bänden, München 1976

N. Rosenstein, Rome at War. Farms, Families, and Death in the Middle Republic, Chapel Hill/London 2004

M. Sommer, Römische Geschichte I: Rom und die antike Welt bis zum Ende der Republik, Stuttgart 2013

R. Syme, Die Römische Revolution. Machtkämpfe im antiken Rom, hrsg. v. Chr. Selzer/U. Walter, Stuttgart 2003 [engl. 1939, 2. Aufl. 1952]

U. Walter, Der Aufstieg Roms, in: E. Erdmann/U. Uffelmann (Hgg.), Das Altertum. Vom Alten Orient zur Spätantike, Idstein 2001, 129–163

Register